SOMMAIRE

LOUIS XIV
LE ROI DE GLOIRE

François Lebrun

DÉCOUVERTES GALLIMARD
HISTOIRE

R oi à quatre ans, légalement majeur à treize, Louis XIV attend pourtant la mort de Mazarin en 1661 pour assumer la réalité du pouvoir, que ce dernier exerçait jusque-là avec la reine Anne d'Autriche. Il a vingt-deux ans. Ces longues années d'attente sont l'occasion pour le jeune souverain de se former auprès du cardinal, son parrain et mentor, aux rouages de l'État et aux subtilités du métier de roi.

CHAPITRE 1

APPRENDRE LE MÉTIER DE ROI

Ma Nauire auec Vous furgit heureusement

❝Le métier de roi est grand, noble et délicieux, quand on se sent digne de bien s'acquitter de toutes les choses auxquelles il engage; mais il n'est pas exempt de peines, de fatigues, d'inquiétudes. L'incertitude désespère quelquefois; et quand on a passé un temps raisonnable à examiner une affaire, il faut se déterminer et prendre le parti qu'on croit le meilleur.❞
Louis XIV, *Mémoire pour l'instruction du Dauphin*

Sic tecum facile tractat Lodoius habenas

Les premières années

Le 14 mai 1643, Louis XIII, roi de France et de Navarre, meurt au château de Saint-Germain-en-Laye, où réside la Cour. Le dauphin Louis, qui n'a que quatre ans et demi – il est né le 8 septembre 1638 –, lui succède immédiatement sous le nom de Louis XIV : selon la formule traditionnelle, « le roi est mort, vive le roi. » Cette naissance que l'on n'espérait plus (son père et sa mère, Anne d'Autriche, étaient mariés depuis près de vingt-trois ans) avait été saluée dans tout le royaume comme une bénédiction du ciel et l'enfant prénommé Louis Dieudonné. Seulement ondoyé à la naissance, comme c'était souvent le cas dans l'aristocratie, il ne reçoit le complément de la cérémonie du baptême que le 21 avril 1643 sur les instances de son père, qui sent sa fin proche, et de son parrain, le cardinal Mazarin, Principal ministre depuis l'année précédente. Ce parrainage comptera beaucoup dans l'influence que le cardinal aura sur le jeune roi.

L'avènement de celui-ci change peu de choses au déroulement de sa petite enfance, la reine mère, Anne d'Autriche, exerçant la régence en son nom. Il reste « aux mains des femmes » jusqu'à l'âge de sept ans, c'est-à-dire en septembre 1645. C'est alors que son éducation devient une affaire d'hommes.

Jusqu'à l'âge de sept ans, l'éducation du jeune Louis Dieudonné et de son frère Philippe, de deux ans son cadet, est placée sous l'autorité de la gouvernante des enfants de France, Françoise de Souvré, marquise de Lansac (ci-dessus). À droite, Louis XIV âgé de dix ans environ, à cheval, partant pour la chasse, un faucon au poing.

LES IEVX DE CARTES DES ROYS DE FRANCE,
DES REINES RENOMMÉES, DE LA GÉOGRAPHIE, ET DES FABLES.

Espagne

Sterile & mal peuplée en plusieurs lieux, separée de la france par les Pyrenées, du reste couronnée de la mer. Prou, Castille, Valence, Murcie, grenade, Andalousie, Algarbe, Biscaye, Galice, Leon, Asturie, Biscaye, Guipuscoa, Navarre, Aragon, Catalogne. Villes, Madrit, Lisbonne, Barcelone, Toul, Sage, Ebre, Duero, Guadiana, Guadalquivir.

Asie

La troisiesme partie du monde, situeé vers l'Orient, sous la zone temperee et la froide, sa pays sont delicieux & fertiles, et portent de fruits merveilleux, l'encens, les espiceries, l'or, les perles & les diamans.

Amerique

Quatriesme partie du monde, découverte depuis 150 ans, autrement dicte les Indes occidentales, ou le nouueau monde, situeé vers l'occident, et diuiseé en deux grandes peninsules, l'une appelleé Amerique Mexicaine, l'autre Peruane, elle s'estend sur toutes les zones.

Vers 1648, l'académicien Jean Desmaretz de Saint-Sorlin conçoit et réalise pour l'instruction du jeune roi des jeux de cartes permettant d'apprendre l'histoire et la géographie (ci-contre, cartes commentant les pays et continents). Mazarin complètera ces connaissances en l'initiant au fonctionnement des institutions politiques et à l'histoire dynastique des États.

Sa mère confie à Mazarin, maintenu Principal ministre, la charge de « surintendant au gouvernement et à la conduite du roi ». Sous cette autorité, le précepteur de Louis, l'abbé de Péréfixe, assisté d'une petite équipe de maîtres spécialisés, lui assure une éducation aussi soignée et complète qu'elle pouvait l'être à l'époque au sommet de l'État : belles-lettres, c'est-à-dire latin et français, histoire, un peu de mathématiques et de cartographie, initiation à l'espagnol et à l'italien, avec, en marge de cet enseignement livresque, la musique et la danse où il excelle, l'équitation, les armes et bien sûr, la chasse. En outre, il reçoit une solide éducation religieuse spécialement suivie par la reine mère et très marquée par le puissant mouvement de réforme catholique des années 1640-1650.

Une initiation précoce

À cette formation très classique, plus solide qu'on ne l'a dit parfois, s'ajoute, par la volonté de Mazarin, une initiation précoce au « métier de roi » (Louis XIV emploiera lui-même cette expression). Très tôt, alors qu'il n'a encore que dix ou douze ans, le cardinal l'entretient régulièrement des affaires de l'État. Un peu plus tard, il le fait assister de temps à autre à des séances du Conseil où sont débattus devant lui quelques grands problèmes du moment, il lui fait lire les papiers d'État et le convie aux audiences des ambassadeurs étrangers. Spectateur muet, mais attentif, Louis fait son miel de tout ce qu'il voit et entend. Dans le même temps, il se trouve mêlé aux graves événements qui secouent le royaume : la fuite de la Cour du Louvre vers Saint-Germain-en-Laye, dans la nuit du 5 au 6 janvier 1649, marque durablement l'enfant de dix ans qu'il est alors, de même que certains autres épisodes de la Fronde dont il est le témoin impuissant, mais qu'il n'oubliera pas.

Le 7 septembre 1651, veille de son treizième anniversaire, Louis est proclamé majeur, l'âge légal de la majorité des rois de France étant fixé à treize ans. Cette cérémonie qui met fin officiellement à la régence ne change pratiquement rien à la conduite de l'État. Du moins est-ce pour le jeune roi une étape de plus dans la conscience qu'il prend peu à peu du personnage hors du commun qu'il incarne. Il en est de même lors du sacre à Reims, le 7 juin 1654 – il a quinze ans –, au cours duquel il reçoit la plénitude des droits sacrés qui sont les siens. Dernière étape : le 9 juin 1660, il épouse à Saint-Jean-de-Luz sa cousine l'infante Marie-Thérèse, fille

Le 7 juin 1654, le jeune Louis XIV est sacré dans la cathédrale de Reims (ci-dessus), selon la tradition des rois de France. Au cours de la cérémonie, il reçoit l'onction du saint chrême, la couronne royale et l'hommage des douze pairs du royaume, ecclésiastiques et laïcs. Si le sacre ne lui confère pas la royauté, il rend celle-ci « plus auguste, plus inviolable et plus sainte ».

Dès son enfance, les devoirs royaux obligent le jeune Louis, enfant pourtant timide d'après les témoignages de ses proches, à figurer, présider, paraître, bref à jouer son propre rôle de roi. Très tôt, témoigne son valet de chambre La Porte, « il a fait voir qu'il avait de l'esprit, voyant et entendant toutes choses » et, d'après l'envoyé du doge de Venise Contarini, qu'il « promettait d'être un grand roi ». L'éducation politique attentive que lui donna Mazarin devait compléter cette disposition naturelle à régner.

du roi d'Espagne Philippe IV, et le 26 août, l'entrée solennelle à Paris du jeune couple est marquée par une fête splendide, couronnée par un gigantesque feu d'artifice sur la Seine.

Ses années d'enfance et de jeunesse ont été pour le roi un long apprentissage où théorie et pratique se sont mêlées. Il a contracté aussi au fil des ans une profonde reconnaissance envers Mazarin, dont la fidélité sans faille à l'égard d'Anne d'Autriche aura permis au royaume de surmonter le double danger de la guerre civile et de la guerre extérieure. C'est pourquoi il attendra, non sans une impatience contenue, la disparition de celui-ci pour exercer la plénitude de son pouvoir.

Deux étrangers aux commandes du royaume

Par testament, Louis XIII a organisé la régence de son fils au profit d'un Conseil de régence assistant Anne d'Autriche, dont il redoutait l'inexpérience. Mais dès le 18 mai, quatre jours après la mort du roi, celle-ci fait casser le testament par le parlement de Paris, la grande instance judiciaire du royaume, trop heureux de jouer ainsi un rôle politique, et se fait accorder la régence pleine et entière. En réalité, sans véritable

Anne d'Autriche (à gauche), fille du roi Philippe III d'Espagne, est mariée à Louis XIII en 1615, à l'âge de 14 ans. Lors de la régence, elle fait preuve d'une autorité et d'un sens politique insoupçonnés. Avec Giulio Mazarini (ci-dessous), dont elle s'est attaché la fidélité

expérience politique, la reine régente décide de conserver Mazarin comme Principal ministre et s'en remet entièrement à lui. Parallèlement, Anne, infante espagnole, en profite pour introduire à la cour de France bien des usages de la cour de Madrid. En outre, très pieuse, elle soutiendra toutes les initiatives tendant à mettre en application les décisions du concile de Trente concernant la réforme nécessaire du clergé et des fidèles.

D'origine italienne, Mazarin est passé du service du pape à celui du roi de France en 1639. Fait cardinal en 1641, sans être prêtre, il se fait remarquer par la reine, qui se prend pour lui d'une affection qui ne

et les services, elle s'évertue à sauver le trône de son fils des appétits des grands et à faire du jeune Louis un grand roi et un bon chrétien. « La vigueur avec laquelle [elle] avait soutenu ma dignité, quand je ne pouvais pas la défendre moi-même, était le plus important et le plus utile service qui me pût jamais être rendu », écrira Louis XIV dans ses *Mémoires*.

se démentira pas. Curieux couple lié par un amour réciproque et uni peut-être par un mariage secret, une longue liaison étant difficile à imaginer, compte tenu de la piété de la reine. Usant de souplesse et d'intrigue, là où Richelieu, ministre de Louis XIII, faisait preuve de fermeté inflexible, mais doté des mêmes qualités d'homme d'État, Mazarin entend poursuivre la politique de renforcement du pouvoir royal et de lutte contre la maison d'Autriche de son prédécesseur.

L'héritage du règne précédent est lourd. La guerre engagée en 1635 contre la maison d'Autriche, c'est-à-dire les Habsbourg de Vienne et de Madrid, n'est pas terminée et entraîne un surcroît de la pression fiscale. Le mécontentement se manifeste depuis la mort de Richelieu (six mois avant celle de Louis XIII). Or très vite Mazarin est contraint de prendre une série de mesures financières particulièrement impopulaires : augmentation de la taille, création de taxes nouvelles, emprunts forcés. La coupe est pleine, la Fronde éclate en 1648.

Les origines de la Fronde

Bien que son nom ait été emprunté par les contemporains au jeu de lance-pierres des enfants de Paris, la Fronde est tout autre chose qu'un jeu d'enfants. C'est la manifestation brutale d'une somme

Le lit de justice est l'une des grandes cérémonies de l'État monarchique : le roi, accompagné de son chancelier, des princes du sang et des pairs ecclésiastiques et laïcs du royaume, se rend dans sa cour de justice, c'est-à-dire au parlement de Paris, pour faire enregistrer une décision importante, notamment en cas d'opposition des magistrats. Le 18 mai 1643, Louis, alors âgé de quatre ans, préside la séance exceptionnelle du lit de justice du parlement de Paris qui doit casser le testament de son père (ci-dessus). Assis sous le dais fleurdelisé, il ouvre la séance en prononçant l'unique phrase qu'on lui a dit d'énoncer : « Messieurs, je suis venu pour vous témoigner mes affections ; le chancelier vous dira le reste. »

de mécontentements particuliers qui entendent s'exprimer en tirant parti de la faiblesse inhérente à un régime de régence. Au sommet de l'État, princes du sang et « grands », dont Gaston d'Orléans, frère de Louis XIII, et le jeune duc d'Enghien, futur prince de Condé, cousin du roi et vainqueur des Espagnols à Rocroi en 1643, mènent chacun pour son compte une politique de pure ambition personnelle, cherchant à se substituer à l'Espagnole et à l'Italien auprès du jeune roi. Ils s'appuient sur une clientèle de nobles de tout rang qui, à Paris et en province, souhaitent que la noblesse retrouve la plénitude de ses anciens privilèges, notamment sur le plan politique. D'autre part, les officiers, à savoir les agents du roi dans les différents domaines de l'administration – justice, police, finances –, sont propriétaires de leur charge. Jaloux de leur relative indépendance, ils sont très hostiles au renforcement de l'absolutisme royal et protestent contre l'envoi en province de commissaires du roi, notamment les intendants, chargés de les surveiller. Les plus puissants de ces officiers du roi, les magistrats du parlement de Paris, prétendent jouer officiellement un rôle politique.

Quant aux classes populaires, écrasées d'impôts, souvent victimes directes des mauvaises récoltes

Mazarin concentra sur sa personne la haine des grands, mais également celle du peuple. Les divers épisodes de la Fronde furent l'occasion de multiples mises en images et en chansons, dont le cardinal devint très vite la cible principale. Le nom de « mazarinade » fut utilisé pour la première fois par Scarron en 1651. On estime à plus de 5 000 le nombre de ces pamphlets imprimés à Paris et en province entre mai 1648 et juillet 1653. Ci-dessus, mazarinade parisienne évoquant l'exil de Mazarin, en février 1651, à Brühl, chez l'Électeur de Cologne.

Gaston d'Orléans (1608-1660 ; à gauche), frère cadet de Louis XIII, a participé à plusieurs complots contre Richelieu. Après 1643, il est d'abord fidèle à Anne d'Autriche, puis se trouve mêlé aux troubles de la Fronde. En 1653, il est exilé à Blois, où il meurt en 1660.

consécutives à des « dérèglements des saisons »,
elles expriment leur détresse par des soulèvements
spontanés, mal organisés et le plus souvent durement
réprimés. À Paris même, toute une fraction de
l'opinion exprime sans retenue, dans de multiples
libelles, les « mazarinades », sa violente hostilité
à l'encontre de Mazarin en même temps que son
opposition au renforcement de l'État monarchique.

   La Fronde est un mouvement d'autant plus
complexe que les divers opposants, très méfiants les

Ci-dessous, gravure
de 1648 montrant
un frondeur, juché
sur une estrade dans
le Pré-aux-Clercs,
en train de haranguer
les Parisiens massés à
proximité de la Seine ;
dans le fond, sur l'autre
rive, le Louvre et les
Tuileries.

AVIS QUE DONNE UN FRONDEUR AUX PARISIENS
QU'IL EXORTE DE SE REVOLTER CONTRE LA
TYRANNIE DU CARDINAL MAZARIN.

uns à l'égard des autres, sont rarement unis contre le pouvoir royal. Tout commence en 1648 par la Fronde parlementaire, menée par les magistrats du parlement de Paris. Ceux-ci, s'appuyant sur le peuple parisien, forcent la reine et le jeune roi à quitter la capitale pour Saint-Germain-en-Laye. Mais, vite inquiets des ambitions des princes et de l'agitation des milieux populaires, ils préfèrent traiter avec la reine régente en mars 1649 et, le 28 août, la reine, le roi et la Cour regagnent Paris. En fait, rien n'est réglé, les mécontentements contre Mazarin restent entiers.

C'est l'attitude de Condé qui fait rebondir le mouvement et provoque la Fronde des princes, bientôt suivie de l'union des deux Frondes. Ces diverses étapes recouvrent, en fait, une même situation anarchique et désastreuse pour le royaume. Non seulement les affaires courantes sont négligées et le déficit s'accroît vertigineusement, mais les troupes des frondeurs, que ce soit en Île-de-France, ou dans plusieurs autres provinces, s'opposent aux troupes royales, pour le plus grand malheur des populations, victimes de ces multiples chevauchées et des exactions des soldats, à quelque camp qu'ils appartiennent.

En 1652, Condé qui est entré en relation avec les Espagnols, s'empare de la capitale, désertée par la Cour. Mais sa situation devient très vite intenable : il se rend odieux en s'appuyant sur certains éléments

En mars 1649, au moment où les parlementaires cessent leur opposition, leurs principaux soutiens font acte de soumission au jeune roi (ci-dessous), derrière lequel se trouvent son frère Philippe et, à sa droite, la reine régente. Les trois ex-frondeurs, respectueusement courbés devant le roi, ont soutenu les prétentions des parlementaires par ambition et haine de Mazarin. Ce sont le duc de Beaufort, fils de César de Vendôme, lui-même fils légitimé d'Henri IV et de Gabrielle d'Estrées ; Paul de Gondi, fils de Philippe Emmanuel de Gondi, duc de Retz, coadjuteur de l'archevêque de Paris en 1643 (il sera nommé cardinal en 1652 et prendra alors le nom de Retz) ; le maréchal de La Mothe-Houdancourt.

Le Roy   Monseigneur le Duc de Beaufort   Monsieur le Coadiuteur   Mr. de la Mote

de la population pour terroriser parlementaires et bourgeois. Le 13 octobre, il est contraint de s'enfuir aux Pays-Bas espagnols et, le 21, Louis XIV et Anne d'Autriche rentrent à Paris sous les acclamations. Mazarin, qui avait discrètement quitté le royaume pour apaiser les esprits, revient à son tour le 3 février 1653.

Le 21 octobre 1652, Louis XIV, majeur depuis un an, fait son entrée solennelle dans la capitale sous les acclamations des Parisiens (ci-dessous). Le retour de la Cour à

La guerre extérieure

À la même époque, la vieille rivalité qui oppose la France aux Habsbourg a repris. C'est en 1555 que le chef de la maison d'Autriche, Charles de Habsbourg, roi d'Espagne et empereur sous le nom de Charles Quint, a décidé d'abdiquer et de partager ses immenses possessions, « empire sur lequel le soleil ne se couche jamais », de l'Europe aux Philippines et au Nouveau Monde. Son fils, Philippe, lui succède comme roi d'Espagne et souverain des possessions espagnoles en Europe (Pays-Bas, Franche-Comté, Milanais, Sicile et Naples) et dans le monde (colonies américaines notamment). Le frère cadet de Charles Quint, Ferdinand, archiduc d'Autriche, roi de Bohême

Paris marque la fin des troubles. Le lendemain, dans un lit de justice, Louis XIV restaure le parlement dans ses prérogatives, mais lui impose de ne plus délibérer sur les affaires de l'État. Ces cinq ans de troubles, qu'il a vécus en témoin impuissant, marquent durablement le jeune roi, qui y puise la conviction que seul l'exercice direct du pouvoir peut contenir les intérêts particuliers au profit de l'autorité royale.

et de Hongrie, monte la même année sur le trône du Saint Empire (élu par les princes électeurs allemands). Ainsi, la maison d'Autriche se trouve désormais divisée en deux branches, les Habsbourg de Madrid et les Habsbourg de Vienne, mais la menace qu'elle faisait peser sur la France n'est pas levée pour autant, dans la mesure où les deux branches restent très soudées, notamment dans leur hostilité à l'égard de la France, la seule puissance en Europe susceptible de s'opposer à l'hégémonie des Habsbourg.

Un premier épisode de cette interminable rivalité est provisoirement clos en 1559, mais après une longue période d'opposition larvée, le conflit reprend ouvertement en 1635. Richelieu est plus conscient que quiconque du redoutable danger que ferait courir au royaume tout accroissement de la puissance des Habsbourg. Or, vers 1630, l'empereur Ferdinand II poursuit une politique ambitieuse qui a pour but d'éliminer le protestantisme des États allemands où il s'est implanté et de transformer l'ensemble hétérogène de ses possessions, y compris l'Empire, en un seul État centralisé, allemand et catholique. Il est soutenu dans ses vues par son cousin de Madrid, Philippe IV. En 1635, Richelieu décide de déclarer la guerre à l'empereur et au roi d'Espagne. Sur le plan diplomatique, il n'hésite pas à s'allier aux princes protestants allemands qui combattent l'empereur. Il prend ainsi le risque de susciter la vive réprobation des milieux dévots du royaume, déjà hostiles au principe d'une guerre de la France contre les très catholiques Habsbourg. Sur le plan militaire, la brillante victoire du jeune duc d'Enghien à Rocroi, le 19 mai 1643 (cinq jours après la mort de Louis XIII) ne met pas fin au conflit, pas plus que la disparition de Richelieu, dans la mesure où Mazarin poursuit la politique de celui-ci.

En 1644-1645, la guerre se déroule surtout en Allemagne et les troupes françaises, commandées par Turenne et Condé, battent les impériaux à différentes reprises. En 1648, en liaison avec les Suédois, alliés de la France, Turenne décide de marcher sur Vienne, mais la signature de la paix entre l'empereur et le roi de France arrête

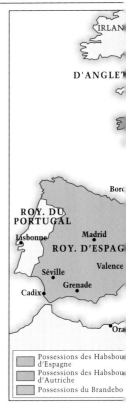

Possessions des Habsbou
d'Espagne

Possessions des Habsbou
d'Autriche

Possessions du Brandebo

Si la carte de l'Europe en 1661 (ci-dessus) met en évidence l'importance territoriale tant des Habsbourg de Vienne et de Madrid que de la France, elle ne montre pas que la puissance française est surtout fondée sur sa position diplomatique en Europe, le nombre de ses habitants et l'ordre qui règne dans le royaume.

RUSSIE

ROY. DE SUÈDE

PROVINCES-UNIES
Amsterdam
Anvers
Paris
.DE
NCE
ROLAIS
nnon
Marseille
ARES

Hambourg
POMÉRANIE
BRANDEBOURG
Berlin
Leipzig
SAINT-EMPIRE
AXE
PALATINAT
BOHÊME
Prague
MORAVIE
BAVIÈRE
Vienne
SUISSE
AUTRICHE
SAVOIE
Milan Venise
Gênes Florence
ÉTATS DE
L'ÉGLISE
Rome
CORSE

DUCHÉ
DE PRUSSE

Varsovie

ROY. DE POLOGNE

SILÉSIE

Buda
HONGRIE

EMPIRE
OTTOMAN

BOSNIE

Raguse

ROY. DE
NAPLES
Naples

SARDAIGNE

Tunis

ROY. DE
SICILE

Le duc d'Enghien (1621-1686 ; ci-dessous) devient prince de Condé à la mort de son père en 1646. Baptisé le Grand Condé de son vivant, il bat les Espagnols à Rocroi, en 1643. Mêlé aux troubles de la Fronde, il passe au service du roi d'Espagne après l'échec de celle-ci. Rentré en grâce en 1659, il met de nouveau ses talents militaires au service de Louis XIV jusqu'en 1675.

Possessions françaises
Possessions suédoises
Possessions vénitiennes
— Limites du Saint-Empire

1. Pays-Bas espagnols
2. Franche-Comté
3. Alsace (1648)
4. Artois (1659)
5. Roussillon (1659)

cette offensive concertée sur la capitale autrichienne. Pendant ce temps, la guerre contre l'Espagne se poursuit sur plusieurs théâtres à la fois, avec des fortunes diverses. En Catalogne et à Naples, Mazarin cherche à intervenir, mais sans succès décisifs. En revanche, aux Pays-Bas méridionaux, Condé mène une série d'offensives victorieuses en Flandre. Le 20 août 1648, il écrase à Lens une armée espagnole supérieure en nombre.

BATAILLE
ROCROY DON
ENTRE L'ARMÉE DV ROY DE M
MONSEIGNEVR LE DVC
CELLE DV ROY D'ESPAG
PAR DOM FRANCISC

L'ELEVATION DE
THIONVILLE.

LA CARTE DV GOVVERNEMENT
DE THIONVILLE.

LE SIEGE DE THIONVILLE

L'ORDRE DE BATA

En 1675, le Grand Condé se retire dans son château de Chantilly, où l'entourent écrivains et artistes. Après une vie de grand seigneur libertin, il revient à d'authentiques sentiments religieux, sous l'influence de Bossuet, qui prononcera son oraison funèbre au lendemain de sa mort, en 1686. Peu de temps avant de mourir, il fait dessiner par l'architecte Jules Hardouin-Mansart une galerie, pour laquelle il commande au peintre de batailles Sauveur le Conte (1659-1694), principal collaborateur de Van der Meulen, douze panneaux commémorant ses principaux faits d'armes. Le premier tableau est consacré à la bataille de Rocroi (ci-contre), qu'il a remportée le 19 mai 1643 contre les Espagnols, à l'âge de vingt et un ans. Cette victoire en rase campagne sur la redoutable infanterie espagnole, réputée invincible, a eu un grand retentissement dans toute l'Europe. Elle a redonné à la France l'espoir de voir enfin s'achever l'interminable guerre qui l'oppose aux Habsbourg.

La paix tant attendue

Dès 1644, les différents belligérants ont accepté l'ouverture de négociations en Westphalie. Celles-ci se révèlent tout de suite laborieuses, non seulement parce que les problèmes sont multiples et complexes, mais aussi parce que chacun espère quelque succès militaire décisif. De son côté, l'Espagne, malgré sa défaite à Lens, décide de poursuivre la guerre. Finalement, l'empereur, abandonnant son cousin de Madrid, signe la paix le 24 octobre 1648. L'ensemble des traités de Westphalie consacre l'échec des ambitions des Habsbourg de Vienne et à la victoire de la politique française. En effet, ils imposent à Ferdinand III le maintien de la division religieuse de l'Empire et l'affaiblissement de l'autorité impériale. En outre, la France obtient la cession de la plus grande partie de l'Alsace, à l'exception de Strasbourg et de Mulhouse.

L'indépendance des Pays-Bas sous le nom de Provinces-Unies, actée en 1581, est reconnue par l'Espagne et les États européens par les traités de Westphalie signés en 1648 (ci-dessous, traité de Munster).

La guerre se poursuit entre la France et l'Espagne. Pour isoler davantage celle-ci, Mazarin s'allie en 1655 à l'Angleterre de Cromwell. En 1658, une armée franco-anglaise commandée par Turenne vient mettre le siège devant Dunkerque, possession espagnole, appuyée par l'escadre anglaise. Une armée espagnole qui tente de débloquer la place se fait battre le 14 juin 1658 et Dunkerque capitule quelques jours plus tard. À l'issue de longues négociations, le traité des Pyrénées est signé sur la Bidassoa, le 7 novembre 1659. L'Espagne abandonne à la France le Roussillon et la Cerdagne, l'Artois et une série de places fortes, de la Flandre au Luxembourg. Le même jour est signé le contrat de mariage de Louis XIV et de l'infante Marie-

L'entrevue de Louis XIV avec son oncle Philippe IV d'Espagne et sa cousine l'infante Marie-Thérèse (à droite), que le jeune roi épousera deux jours plus tard à Saint-Jean-de-Luz, se déroule le 7 juin 1660, sur l'île des Faisans, au milieu de la Bidassoa. L'île, déclarée commune aux deux royaumes, est reliée aux rives par deux ponts de bateaux, l'un français, l'autre espagnol. C'est la première fois que Louis XIV rencontre sa future épouse. Sont présents Mazarin, Anne d'Autriche et, du côté espagnol, le ministre don Luis de Haro.

Thérèse : il prévoit la renonciation de l'infante
à ses droits à la couronne d'Espagne, moyennant
le paiement de 500 000 écus d'or. Mazarin qui
escompte que cette somme énorme ne sera jamais
versée, pense que Louis XIV pourra, ainsi, un jour
faire valoir ses droits en tant que fils et époux
d'infante. Le problème de la succession espagnole
ne va cesser désormais de hanter la politique
extérieure de la France jusqu'à ce jour de novembre
1700 où un petit-fils du Roi-Soleil montera sur
le trône de Madrid.

De ce mariage
de raison, voulu par
Mazarin pour sceller
la réconciliation des
deux royaumes les
plus puissants d'Europe,
devaient naître six
enfants, dont un seul
atteindra l'âge adulte,
le Grand Dauphin
(1661-1711).

L ors de son « avènement », en 1661, le
jeune souverain profite de deux atouts : un royaume pacifié, qui est le plus peuplé du continent européen, et le relatif effacement de ses principaux rivaux, qui permet à la France de jouer de fait un rôle d'arbitre en Europe. Louis XIV peut enfin exercer son « métier de roi » et « jeter sur toutes choses des yeux de maître ». De maître absolu, car il entend tenir seul les rênes du pouvoir, sans l'assistance d'un Premier ministre.

CHAPITRE 2

GOUVERNER SON ROYAUME

En 1661, la société française et ses trois ordres reste très marquée par les rapports « féodaux », comme en atteste cette gravure, intitulée *La Mouche et l'Araignée*, où un noble reçoit un paysan venu déposer à ses pieds une bourse et des produits de la terre, l'équivalent de son fermage et des ses droits seigneuriaux.

La prise du pouvoir par Louis XIV

Malade et affaibli depuis plusieurs mois, Mazarin
meurt au château de Vincennes, le 9 mars 1661. Le
lendemain, le roi convoque un Conseil exceptionnel
auquel participent huit ministres, dont le chancelier
Pierre Séguier et le surintendant des Finances
Nicolas Fouquet. « Monsieur », dit-il au chancelier,
selon le récit de l'un des participants, « je vous ai fait
assembler avec mes ministres et secrétaires d'État
pour vous dire que jusqu'à présent j'ai bien voulu
laisser gouverner mes affaires par feu M. le cardinal.
Il est temps que je les gouverne moi-même. Vous
savez mes volontés ; c'est à vous maintenant de
les exécuter ». S'il entend gouverner et décider seul,
le roi ne s'entoure pas moins de collaborateurs
indispensables. Outre Séguier et Fouquet, Mazarin lui
a recommandé, pour leur compétence, leur expérience
et leur fidélité, deux secrétaires d'État, Michel
Le Tellier, à la Guerre, et Hugues de Lionne, aux
Affaires étrangères. Le cardinal lui a surtout conseillé
les services de Colbert, son homme de confiance.

La disgrâce de Fouquet

Colbert, devenu intendant des Finances au lendemain
de la mort de Mazarin, dénonce au roi l'attitude de

Nicolas Fouquet
(1615-1680), petit-fils
d'un conseiller au
parlement de Paris,
appartient à la noblesse
de robe. Procureur
général au parlement
de Paris en 1650, il
devient en 1653
surintendant des
Finances. Il s'assure
vite la confiance du
monde de la finance
qui par ses prêts et sa
participation à la levée
des impôts permet à la
France de faire face aux
frais de la guerre contre
l'Espagne.

Fouquet dans l'espoir à la fois de le remplacer et de mettre fin à un système qui contribue à affaiblir le pouvoir royal. En effet, le surintendant n'a cessé de renforcer le système « fisco-financier » qu'il a mis peu à peu en place. Chargé de trouver de l'argent pour le roi de quelque façon que ce soit, Fouquet a affermé à des financiers la collecte non seulement des impôts indirects, ce qui se faisait déjà depuis longtemps, mais aussi des impôts directs, levés en principe par les agents du roi. Cette façon de faire aboutit à un insupportable surcroît de la pression fiscale pour le plus grand profit des financiers « fermiers » et de Fouquet lui-même.

Convaincu que la puissance du surintendant est un défi vivant à la sienne, Louis XIV décide en juillet de se

De 1657 à 1661, Fouquet se fait bâtir et aménager le somptueux château de Vaux-le-Vicomte (page de gauche) par l'architecte Le Vau, le peintre Le Brun et le jardinier Le Nôtre. Sa disgrâce est due tout autant à la hargne de Colbert qu'à la volonté de Louis XIV de gouverner par lui-même dans tous les domaines. Il fut aisé de présenter son procès comme une volonté royale de remettre de l'ordre dans ses affaires

débarrasser de lui. Par une dernière imprudence, Fouquet invite le roi, le 17 août, dans son château de Vaux-le-Vicomte, où il tient sa cour, entouré d'écrivains et d'artistes. La réception, somptueuse et d'un faste insolent, consacre sa perte. Le 5 septembre 1661, Fouquet est arrêté à la sortie du Conseil, à Nantes, où se trouvent le roi et la Cour pour la tenue des états de Bretagne. Il sera condamné au bannissement à vie le 20 décembre 1664, et le roi, de sa propre autorité, commuera cette peine en détention perpétuelle dans la forteresse de Pignerol, où l'ancien surintendant mourra en 1680.

et de « faire rendre gorge » à tous ceux qui avaient profité de la guerre et de la misère du peuple pour s'enrichir. Ci-dessus, *Panégyrique de Nicolas Fouquet* sur lequel son visage a été effacé à la suite de sa disgrâce, et à gauche, lettre de Louis XIV à d'Artagnan lui demandant de transférer Fouquet de Vincennes à la Bastille.

Le 6 septembre 1661, Colbert reçoit le titre de ministre d'État, ce qui l'autorise à siéger au Conseil, à côté de Le Tellier et de De Lionne, à la place de l'adversaire qu'il vient d'éliminer. La prise du pouvoir par Louis XIV est achevée : le monarque, entouré des ministres qu'il s'est choisis, dirige désormais lui-même les affaires du royaume.

Le roi et ses collaborateurs

N'aimant pas les visages nouveaux, le roi a limité volontairement le nombre de ses collaborateurs, ce qui a pour conséquence le cumul des fonctions et la concentration de celles-ci entre quelques familles. Colbert, nommé en 1665 contrôleur général des Finances, ce qui fait de lui le chef de l'administration des finances et le responsable de toute l'activité économique du royaume, est en même temps secrétaire d'État à la Marine et à la Maison du roi. Son fils aîné, le marquis de Seignelay, est associé à

Né en 1619 dans une riche famille champenoise de marchands et de banquiers, Jean-Baptiste Colbert (ci-dessous) est pourvu d'une charge de commissaire des guerres que son père a achetée pour lui et devient en 1645 commis du secrétaire d'État Michel Le Tellier. En 1648, il est nommé conseiller d'État, ce qui lui assure l'agrégation à la noblesse. La Fronde lui donne l'occasion de se rapprocher de Mazarin, qui lui confie l'administration de ses biens pendant son exil (1651-1653). Il y réussit si bien qu'il restera jusqu'à la mort du cardinal son intendant, gérant son immense fortune au mieux des intérêts de son maître, sans oublier les siens propres et ceux de sa famille. Les fonctions qu'il exerce à partir de 1661 sont considérables. Pour mieux y faire face, il met peu à peu en place le « clan Colbert », selon une formule courante à l'époque et dont Louis XIV s'accommode d'autant mieux que, seul maître, il peut, du jour au lendemain, retirer sa confiance au ministre : le temps des Premiers ministres et des favoris est bien révolu. Colbert installe sa famille dans les plus hautes sphères de la société de cour et amasse une impressionnante fortune personnelle.

son père dans l'administration du double secrétariat d'État. Son frère, Colbert de Croissy, devient en 1679 secrétaire d'État aux Affaires étrangères, charge dans laquelle lui succédera son fils, Colbert de Torcy. Les Le Tellier ne sont pas en reste. Le fils de Michel, marquis de Louvois, est associé à son père comme secrétaire d'État à la Guerre en 1662 et lui succédera en 1677 à ce poste jusqu'à sa mort en 1691, date à laquelle sa charge passera à son fils, le marquis de Barbezieux.

En outre, ces grandes familles ministérielles constituent de véritables clans s'appuyant sur des réseaux de parents et de clients à la Cour et en province, qui servent de tremplin ou de relais. Louis XIV favorise un système qui est à son service et va dans le sens de l'efficacité, tel que le principe de la « survivance » qui permet l'apprentissage du fils à l'école du père, comme dans le cas des Colbert. Ainsi dès 1661 et les années suivantes, le roi met en place une structure à laquelle il restera fidèle pendant tout son règne.

Le Conseil du roi est divisé en plusieurs conseils spécialisés. Les deux plus importants sont le conseil d'en-haut ou des Affaires, conseil de gouvernement où le roi n'appelle que quelques collaborateurs, dits ministres d'État, et où se traitent les grandes affaires intérieures et extérieures, et le Conseil d'État privé, ou des parties (ci-dessus). Véritable assemblée présidée par le roi, celui-ci est composé de magistrats (trente conseillers d'État et une centaine de maîtres des requêtes), qui ne siègent pas tous en même temps.

Le pays le plus peuplé de l'Europe

En 1664, un prêtre italien, Sebastiano Locatelli, entreprend avec deux gentilshommes bolonais, un voyage en France « pour observer la manière de vivre et les mœurs de ce pays ». Parmi ses multiples notations, on peut retenir cette simple constatation partagée par tous les voyageurs de l'époque : « La population est si nombreuse en France que ce pays ne manque jamais d'hommes pour la guerre et l'agriculture. » De fait, avec quelque 20 millions d'habitants vers 1661, la France de Louis XIV est, de loin, le pays le plus peuplé de l'Europe.

Derrière ce chiffre global se cachent des réalités démographiques que la France partage avec les pays voisins. La plus marquante d'entre elles est la forte mortalité. En ville comme à la campagne, les enfants surtout sont menacés : sur 100, 25 en moyenne n'atteignent pas l'âge d'un an et il en meurt presque autant entre un an et dix ans, si bien qu'à peine un enfant sur deux atteint l'âge de vingt ans. Or on se marie tard, entre 25 et 30 ans, et la mort très souvent vient rompre l'union au bout de quelques années. C'est pourquoi, à raison d'une naissance tous les deux ans environ, chaque famille n'a guère plus de quatre ou cinq enfants en moyenne, ce qui est tout juste suffisant pour assurer le renouvellement des générations, puisque sur ces quatre ou cinq enfants, deux seulement arriveront à l'âge adulte et remplaceront leurs père et mère. Une alimentation insuffisante et mal équilibrée, parce que trop exclusivement céréalière, des conditions d'hygiène souvent déplorables, une médecine impuissante expliquent cette importante mortalité.

Quoi qu'il en soit, l'équilibre démographique est, en temps ordinaire, fragile, mais à peu près assuré, le

Au temps de Louis XIV la médecine reste aussi impuissante qu'aux siècles précédents. La seule nouveauté réside dans l'apparition de quelques médicaments, comme l'ipecacuana et le quinquina. Les médecins sont formés dans les facultés où ils reçoivent, en latin, un enseignement sclérosé et purement théorique basé sur les grands Anciens : Aristote, Hippocrate, Galien. Les chirurgiens, peu valorisés socialement, sont de simples artisans qui remettent les fractures et pratiquent saignées et clystères (ci-dessus).

nombre des décès étant légèrement inférieur à celui des naissances. Cette situation aurait pu permettre, en principe, un essor de la population. Malheureusement, de brutales crises viennent périodiquement, tous les dix ou vingt ans, remettre en cause cette timide amorce d'expansion. Ces crises sont provoquées soit par une épidémie – peste, variole, dysenterie –, soit par une disette de blé consécutive à une mauvaise récolte, soit par une conjugaison de ces deux fléaux. Elles peuvent avoir une extension limitée à une province ou un groupe de paroisses, ou bien frapper la plus grande partie du pays.

L'exemple le plus tragique à l'échelle du royaume se produit au moment même où Louis XIV prend le pouvoir. Tout débute dans les premiers mois de 1661 par une série d'épidémies, en Île-de-France et Val de

Le royaume compte de nombreux malheureux sans travail condamnés à la mendicité et au vagabondage. Le pouvoir royal, qui voit dans cette situation une menace pour l'ordre public, cherche à enfermer ces pauvres. L'édit de 1662 impose la création, « dans toutes les villes et gros bourgs du royaume », d'hôpitaux généraux, où ils seront regroupés et mis au travail. Mais ce « grand renfermement des pauvres » restera un objectif plus qu'une réalité.

DECLARATION DU ROY,
Contre les vagabons, & gens appellez Bohëmes & Bohëmiennes, & ceux qui leur donnent retraite.

Loire. Les choses s'aggravent brusquement avec la récolte de l'été 1661 qui, succédant elle-même à la médiocre récolte de 1660, est due à un printemps et un été très humides. Il s'ensuit une disette de grains dont les prix deviennent très vite prohibitifs pour les plus pauvres, qui bientôt meurent littéralement de faim dans les villes et dans les campagnes. Seule la belle récolte de 1663 permet un retour

à la normale. Les conséquences démographiques sont dramatiques, puisqu'on a pu évaluer à plus d'un million d'habitants le recul de la population du royaume en 1664 par rapport à 1660. La France ne connaîtra pas de pareille catastrophe avant 1693, ce qui n'exclura pas les crises locales.

Une société inégalitaire : clercs et aristocrates

La vulnérabilité fort différente des Français face aux crises n'est que le reflet de la double inégalité qui caractérise la société française au temps de Louis XIV. La première, officielle, reconnue, assumée, résulte de l'organisation traditionnelle en trois ordres, ou états : le clergé, ceux qui prient, la noblesse, ceux qui combattent, le troisième ordre, ou tiers état, ceux qui travaillent. Les deux premiers jouissent de privilèges, notamment fiscaux, dont est exclu le troisième. Le clergé est le premier ordre du royaume.

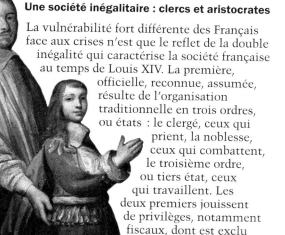

Vieille noblesse et noblesse de robe s'allient désormais et l'on ne s'en offusque plus guère, du moins tout haut. C'est au niveau des valeurs partagées, plus qu'à celui de la richesse et du pouvoir, qu'il convient de chercher la différence entre noblesse et roture. Parmi ces valeurs réputées nobiliaires, il y a l'attachement à la personne et au service du roi, l'attrait pour le métier des armes, le mépris de l'argent, le sens de l'honneur et l'usage des « bonnes manières » dans les distractions et les rapports mondains. C'est le cas du jeu de cartes, pratiqué à la Cour (à droite), et surtout de la chasse à laquelle s'adonne le roi autant que le plus modeste hobereau de province (ci-dessus).

En échange de son immunité fiscale, il paie au roi un « don gratuit ». Il est profondément hiérarchisé : le haut clergé comprend les archevêques et évêques et les abbés des grandes abbayes, nommés par le roi avant de recevoir du pape l'investiture spirituelle ; le bas clergé compte à peu près 100 000 « réguliers » – religieux et religieuses obéissant à une règle – et à peu près autant de curés et vicaires, formant le clergé « séculier » (vivant dans le siècle). La fortune du clergé est constituée par les revenus de la dîme et surtout par ceux de très vastes propriétés foncières ; elle est considérable, mais fort inégalement répartie entre haut et bas clergé.

La noblesse a été longtemps définie par sa fonction militaire, qui justifiait ses privilèges honorifiques et fiscaux, notamment l'exemption de la taille. En fait,

La noblesse est le deuxième ordre du royaume. Mais au XVIIe siècle, les choses ont évolué. Si la noblesse se transmet essentiellement par le sang, elle peut aussi s'acquérir par l'achat de charges anoblissantes, notamment des offices de justice et de finances. En outre, en dépit des privilèges, tel noble désargenté peut marier son fils aîné à la fille d'un riche bourgeois pourvu que sa dot de soit à la hauteur du sacrifice d'amour-propre consenti.

les choses ont évolué : tous les nobles ne servent pas le roi par les armes et ils peuvent désormais exercer certains métiers, comme le commerce maritime, sans « déroger », c'est-à-dire sans perdre leur rang. De plus, à côté de la noblesse d'épée, s'est développée une noblesse dite « de robe », formée de magistrats ayant acheté au roi leur charge qui leur assure la noblesse. À côté de ces deux noblesses unies entre elles par de multiples alliances matrimoniales, la petite et la moyenne noblesse ont des activités

L'éducation des enfants de l'aristocratie était souvent confiée à des collèges tenus par des congrégations religieuses (page de gauche).

variées. Après avoir servi quelques années dans les armées du roi, beaucoup de leurs membres se retirent sur leurs terres dont les revenus, plus ou moins importants, les font vivre.

Des bourgeois aux paysans

Le tiers état regroupe tout le reste de la population, soit 90 à 95 % des Français. C'est dire que, si tous ses membres ont en commun l'absence de privilèges face aux clercs et aux nobles, les différences sociales

De tous les travaux des champs, la moisson (ci-dessous) est sans nul doute le plus important, compte tenu de la place occupée par la culture des blés. Les blés, ou bleds, comme on l'écrit au XVIIe siècle, désignent toutes les céréales panifiables : froment, seigle, orge,

à l'intérieur de ce troisième ordre sont considérables. Si l'on part du « bourgeois », défini par les dictionnaires de l'époque comme étant « le citadin qui n'est ni clerc, ni noble », la palette est fort large : haute bourgeoisie de la finance, de la manufacture, du grand négoce ; bourgeoisie d'offices (charges administratives ou judiciaires achetées au roi), notaires, avocats, médecins ; petite bourgeoisie de l'artisanat, de la boutique ou du petit négoce ; bourgeoisie rentière, enfin, vivant de ses revenus fonciers et de ses rentes. C'est insensiblement que

méteil (mélange de froment et de seigle). Le pain, le plus souvent à base de seigle, constitue l'essentiel de l'alimentation de 80 % de la population. Une mauvaise récolte de blé et surtout deux successives peuvent entraîner la disette et, dans les cas les plus graves, la famine.

l'on passe au peuple des villes formé des ouvriers et compagnons employés par un maître, des travailleurs manuels de toutes sortes installés à leur compte dans les multiples métiers urbains, des manouvriers sans qualification prêts à se faire embaucher pour une journée ou une semaine et qui constituent la part la plus vulnérable de la société urbaine.

Au-delà des murailles des villes s'étend la campagne, où vivent les neuf dixièmes des vingt millions de Français, population rurale elle-même fort diverse. Plus que le mode de faire-valoir – petite propriété, fermage, métayage –, ce qui compte et assure la richesse ou au moins l'aisance, c'est le fait d'avoir une exploitation suffisamment grande pour disposer d'excédents commercialisables. Mais la masse des ruraux est formée de paysans qui n'ont à leur disposition qu'une surface cultivable tout juste suffisante pour nourrir leur famille et leur permettre

Dans les villes et dans les campagnes, l'essentiel des échanges courants est assuré par des marchands ambulants. En ville, ils sont spécialisés, comme le vitrier, la crieuse de balais et le fendeur de bois (ci-dessus, de gauche à droite).

Les financiers (ci-contre) sont au service des particuliers, mais surtout ils sont devenus indispensables à la monarchie par leur intervention dans la perception des impôts indirects : ils afferment le droit de lever tel impôt en tel endroit et signent avec les gens du roi un « traité » leur assurant ce droit – d'où le nom de « fermiers » ou de « traitants » qu'on leur donne.

de payer les impôts au roi, la dîme au curé, les droits au seigneur et, éventuellement, le loyer au propriétaire. Le sort le plus rude est celui des journaliers qui, à l'instar des manouvriers des villes, sont les plus fragiles et les premières victimes des années de crise.

Le royaume Très Chrétien

Depuis la fin des guerres de Religion et la signature de l'édit de Nantes (1598), la « religion catholique, apostolique et romaine » est la seule religion officielle, la liberté de conscience ou du culte n'étant accordée aux protestants que sous certaines

À la suite d'une rixe survenue à Rome, en août 1662, entre des pages de l'ambassadeur de France et des Corses de la garde pontificale, les relations entre Paris et Rome s'enveniment. Finalement, le pape Alexandre VII accepte d'envoyer en France un légat pontifical, son neveu, le cardinal Chigi, chargé de présenter les excuses officielles du pape au roi de France.

conditions restrictives. Roi Très Chrétien, Louis XIV, maître en son royaume des personnes et des biens, estime qu'il a un droit de regard sur les affaires de l'Église de France (*Ecclesia gallicana*), clergé et fidèles, non seulement au point de vue temporel, mais, dans une certaine mesure, au point de vue spirituel. Il peut notamment refuser d'agréer des décisions du pape qu'il jugerait contraires aux « libertés de l'Église gallicane », c'est-à-dire aux usages propres à l'Église de France et tolérés par le Saint-Siège au fil des siècles.

La scène se déroule le 29 juillet 1664, à Fontainebleau, dans la chambre du Roi (ci-dessus). C'est une parfaite illustration de la conception que se fait Louis XIV du pouvoir pontifical qui, au même titre que toute autre puissance, doit céder, le cas échéant, devant le pouvoir du roi de France.

Vers 1660, la profonde réforme de l'Église romaine préconisée un siècle plus tôt par le concile de Trente (1545-1563) pour faire pièce aux réformateurs protestants est loin d'être achevée, même si elle a marqué des points importants dans la première moitié du siècle. La nécessaire réforme du clergé, notamment, préalable à un renouveau de la piété chez les laïcs, reste à faire. C'est entre 1660 et 1700 que sont réalisés les progrès décisifs aboutissant à la mise en place de structures et de mentalités appelées à se maintenir, en dépit des vicissitudes, jusqu'au milieu du xxᵉ siècle.

Alors qu'en 1660 la formation des futurs prêtres se réduit encore le plus souvent à une retraite de deux ou trois semaines précédant l'ordination, vers 1700 la plupart des cent trente diocèses du royaume sont pourvus d'un séminaire au plein sens du terme, c'est-à-dire d'un établissement dans lequel les candidats à la prêtrise sont préparés à leur tâche, pendant un an ou deux selon les diocèses.

Jacques Bénigne Bossuet, né à Dijon en 1627, est le fils d'un avocat au parlement de Bourgogne. Ordonné prêtre en 1652, il se fait connaître très tôt par ses exceptionnels talents de prédicateur. Le roi le nomme évêque de Condom en 1669, précepteur du dauphin en 1670 et évêque de Meaux en 1681 (ci-contre). Jusqu'à sa mort, en 1704, il est l'un des prélats les plus écoutés du royaume, se consacrant à son diocèse et à la défense de l'indépendance de l'Église gallicane vis-à-vis du roi autant que vis-à-vis du pape. Il est notamment l'un des instigateurs de la *Déclaration des Quatre Articles*, adoptée en 1682 par l'assemblée du clergé. Cette déclaration rappelle les principes du gallicanisme selon lesquels le pape, évêque de Rome et successeur de saint Pierre, a droit à une « primauté d'honneur », mais n'a la plénitude de son pouvoir pontifical que conjointement avec l'ensemble des évêques. Le pape, alors en conflit avec Louis XIV, condamne la *Déclaration* et riposte en refusant les nominations des nouveaux évêques par le roi. Seule la mort d'Innocent XI en 1689 et la volonté conciliatrice de ses successeurs permettront au roi et à l'Église de France de sortir de l'impasse.

Les pratiques religieuses

Dans ces conditions, un clergé mieux armé peut se consacrer à un meilleur encadrement des fidèles dans le cadre paroissial. Le catéchisme hebdomadaire aux enfants, garçons et filles, le prône dominical, les « missions » prêchées tous les cinq ou dix ans par des prédicateurs extérieurs à la paroisse contribuent efficacement à l'instruction du « peuple chrétien ». Celui-ci se plie désormais presque unanimement aux pratiques obligatoires, telles que l'assistance à la messe les dimanches et jours de fête, la confession et la communion une fois par an à Pâques. La réception des sacrements ponctue l'existence individuelle, du baptême à l'extrême-onction, en passant par le mariage pour ceux qui, hommes ou femmes, ne consacrent pas leur vie à Dieu. D'ailleurs, cette observance du baptême et du mariage, de même que l'inhumation religieuse, s'impose d'autant plus que l'enregistrement par le curé tient lieu d'état civil.

À ces pratiques obligatoires s'ajoutent, pour une minorité, un certain nombre de pratiques facultatives. Les unes sont collectives, comme l'affiliation à une confrérie, placée sous le patronage du saint sacrement ou du rosaire. La participation à un pèlerinage peut être individuelle ou collective, selon les cas. Les « voyages » à Jérusalem, à Rome ou à Compostelle sont devenus plus rares qu'au Moyen Âge, mais les grands pèlerinages nationaux, tel Chartres ou Rocamadour, sont toujours très

Dans la seconde moitié du XVIIᵉ siècle, les fidèles, qui sont désormais tous catéchisés dès l'enfance, ont besoin non plus d'être instruits, mais renforcés dans leurs connaissances et dans leur foi. C'est le but que s'assignent dès lors les missions : « renouveler l'esprit du christianisme chez les chrétiens », comme l'écrit, vers 1700, Grignion de Montfort, fondateur d'un ordre spécialisé dans ce genre d'apostolat. Pendant deux semaines ou plus, trois ou quatre prédicateurs (missionnaires) s'installent dans une paroisse à l'invitation du curé et multiplient instructions et prêches à l'intention des hommes, des femmes et des enfants de la paroisse et de ceux des paroisses voisines et entendent les confessions de nombreux fidèles. Leur mission s'achève, un dimanche, par la messe solennelle, la communion générale et, très souvent, une procession jusqu'au lieu où est érigée une croix en souvenir de cet événement, exceptionnel dans la vie paroissiale.

fréquentés, et plus encore les petits sanctuaires locaux dédiés à la Vierge ou à un saint : il s'agit dans la plupart des cas de saints guérisseurs ayant chacun sa spécialité et invoqués selon des rites précis où dévotion et magie se mêlent inextricablement. D'autres pratiques facultatives sont plus précisément individuelles, comme la communion fréquente ou les œuvres de charité : aumône donnée au mendiant de passage, assistance à domicile des pauvres malades, fondation par testament d'une école pour l'instruction des enfants ou de messes pour le repos de l'âme du fondateur ou de ses parents et amis trépassés.

De toutes les pratiques obligatoires, la première avec la messe (ci-dessus), est le baptême. L'Église est formelle : « Nul ne peut être sauvé qu'il ne soit baptisé. » C'est pourquoi le nouveau-né est porté sur les fonts baptismaux (page de gauche) le jour même de sa naissance ou le lendemain, mais très rarement le surlendemain.

« Superstitions » et jansénisme

En 1679, Jean-Baptiste Thiers, curé de Vibraye dans le diocèse du Mans, publie un *Traité des superstitions*. Il dresse un catalogue des condamnations portées par l'Église à l'encontre des « superstitions ». Le livre rencontre un grand succès dans les milieux ecclésiastiques et il est plusieurs fois réédité (page de droite, l'édition de 1777). Le maintien des pratiques « superstitieuses » en dépit de la christianisation de la société française s'explique par le fait qu'il était souvent difficile de distinguer entre le licite et l'illicite. Ainsi, le culte des saints prêché par l'Église débouche trop souvent sur le recours aux fontaines miraculeuses, aux saints guérisseurs ou à des processions aux motivations trop terrestres (ci-contre, procession de la châsse de Sainte-Geneviève le 27 mai 1694, au lendemain de la crise qui a frappé le royaume). Parallèlement, sorciers (à droite, représentation d'une sorcière cornue) et magiciens utilisent couramment des formules liturgiques comme le signe de la croix ou l'eau bénite. Pour nombre de fidèles, la superstition n'est qu'une manière non autorisée d'exercer la religion, mais sans rupture avec celle-ci.

Pourtant, la christianisation en profondeur de la société française a ses limites. Il y a d'abord la survivance, dans certains milieux de la Cour et de la Ville, d'un courant libertin sous sa double forme : licence des mœurs et indépendance de l'esprit par rapport aux préceptes de l'Église pouvant aller jusqu'à l'athéisme. Il y a surtout, dans l'ensemble de la population, le maintien de ce que les hommes d'Église appellent des « superstitions » désignant par là toutes les pratiques et croyances qui, pour n'être

TRAITE
DES
SUPERSTITIONS
QUI REGARDENT
LES SACREMENS,
Selon
L'ECRITURE SAINTE,
LES DECRETS DES CONCILES,
ET LES SENTIMENS DES SAINTS PERES,
ET DES THEOLOGIENS,
Par M. JEAN BAPTISTE THIERS, Docteur en Theologie, & Curé de Vibraie.
TOME SECOND,

A PARIS,
Chez ANTOINE DEZALLIER, ruë
S. Jacques, à la Couronne d'or.

pas strictement définies et autorisées par l'Église, sont jugées déviantes par celle-ci. Évêques et curés mènent contre elles une lutte incessante, mais souvent vaine.

En outre, la persistance du jansénisme, courant rigoriste au sein du catholicisme apparu au temps de Louis XIII, est ressentie par beaucoup, et au premier chef par le roi lui-même, comme une menace pour l'unité religieuse du royaume. Le rayonnement des religieuses de Port-Royal, le talent de polémiste d'Antoine Arnauld ou de Pierre Nicole, la publication des *Provinciales* de Pascal en 1657, celle des *Réflexions morales* du père Quesnel en 1692, les condamnations papales réitérées et sans cesse discutées par les jansénistes eux-mêmes entretiennent sans fin la querelle. Louis XIV, excédé, veut en finir : il ordonne en 1709 la dispersion des religieuses de Port-Royal-des-Champs et en 1710 la destruction de l'abbaye, et obtient du pape en 1713 une condamnation solennelle des idées jansénistes par la bulle *Unigenitus*. Les faits allaient montrer très vite que le jansénisme n'était nullement éradiqué pour autant.

Alors que le recours à la magie reste de pratique courante, l'édit royal de juillet 1682 ne reconnaît plus qu'une « prétendue magie », ce qui signifie que « devins, magiciens et enchanteurs » ne relèvent plus du bûcher comme au début du siècle, mais sont considérés désormais comme des exploiteurs de la crédulité humaine, passibles tout au plus du bannissement. Il y a là une véritable « révolution mentale » qui annonce les Lumières.

CORNELII
IANSENII
LEERDAMENSIS,
& T. D. ET PROF. LOVANIENSIS,
EPISCOPI IPRENSIS,
TETRATEVCHVS,
SIVE
COMMENTARIVS
IN SANCTA IESV CHRISTI
EVANGELIA.

PARISIIS,
Apud GVILLELMVM DESPREZ, viâ Ia-
cobeâ, sub signo Divi Prosperi.
M. DC. LX.
CVM APPROBATIONE DOCTORVM.

L'abbaye de Port-Royal-des-Champs, en vallée de Chevreuse, réformée en 1609 par l'abbesse Angélique Arnauld, devient un foyer d'intense spiritualité où se développent très tôt les idées jansénistes sous l'influence de l'abbé de Saint-Cyran. Ce dernier est l'ami de Jansénius, auteur de l'*Augustinus*, publié en 1640 (ci-dessus). En 1625, le monastère est transféré à Paris, faubourg Saint-Jacques. En 1664, les religieuses refusent de souscrire au formulaire où Rome condamne les cinq propositions censées résumer les idées de Jansénius, et en 1665, elles sont contraintes d'abandonner leur monastère parisien et de réintégrer la vallée de Chevreuse (ci-contre), où elles s'obstineront dans leur fidélité à cette doctrine faite de rigueur, d'attachement à la liberté morale, de profonde méfiance à l'égard de l'absolutisme monarchique et des empiètements du pouvoir pontifical.

La place de la France en Europe

Dans ses *Mémoires pour l'année 1661*, Louis XIV écrit à propos de la situation en Europe : « Tout était calme en tous lieux […]. La paix était établie avec mes voisins vraisemblablement pour autant de temps que je le voudrais moi-même par les dispositions où ils se trouvaient. » Ce rôle d'arbitre de l'Europe que s'attribue le roi de France, non sans suffisance, ne fait pourtant que traduire la réalité : l'une des chances de Louis XIV est de prendre les affaires en main à un moment où les traités de 1648 et de 1659 assurent à la France une situation exceptionnelle qui tient autant à sa propre puissance qu'à l'effacement de ses rivaux traditionnels.

Le fait majeur est l'abaissement de la maison d'Autriche. Non seulement sa division en deux branches – Habsbourg de Madrid, Habsbourg de Vienne – est une chose acquise, mais surtout les deux branches sont considérablement affaiblies. L'Espagne a dû reconnaître en 1648 l'indépendance des Pays-Bas septentrionaux, devenus République des Provinces-Unies, et elle doit faire face, depuis les années 1640, à la révolte du Portugal (uni à la couronne d'Espagne depuis 1580) et à celle de la Catalogne. Elle vient à bout en 1652 de la révolte des Catalans, mais au prix de la confirmation de la plupart de leurs privilèges, ou *fueros*. En revanche, les Portugais, aidés par la France, résistent à toutes les tentatives de reconquête.

Parallèlement, la monarchie espagnole connaît depuis le début du siècle une crise démographique et économique qui ne fait que s'aggraver. L'émigration vers l'Amérique espagnole, c'est-à-dire tout le

Charles II (ci-dessus) succède à son père, le roi Philippe IV, sur le trône d'Espagne en 1665. Il n'a alors que quatre ans. Sa faible constitution physique et son intelligence moyenne auront de graves conséquences sur l'équilibre politique de l'Europe : souvent malade, il est rarement en état de gouverner par lui-même et s'avère incapable d'avoir un héritier. Le problème de la succession espagnole se posera à sa mort, en 1700, au terme de trente-cinq ans de règne.

continent américain au sud du Mexique, y compris le Brésil portugais, explique en partie la stagnation, voire le repli de la population, au-dessous de huit millions d'habitants. La crise économique a son origine dans l'effet stérilisant à long terme de l'afflux des métaux précieux américains. Grâce à eux et en dépit d'une législation protectionniste, largement inobservée, les Espagnols se procurent à l'étranger ce qu'ils ne veulent ou ne peuvent plus produire

La plus grande partie de l'Amérique du Sud (carte ci-dessous), du Mexique au cap Horn, constitue depuis le XVIᵉ siècle, avec ses riches mines d'or et d'argent, la base de la puissance espagnole. Le Brésil, lui, est redevenu portugais

eux-mêmes : cultures céréalières et productions manufacturières déclinent. Le résultat est que les importations sont très supérieures aux exportations. Tout en continuant à jouer un rôle moteur dans l'économie européenne, l'or et l'argent de l'Amérique espagnole enrichissent désormais surtout l'étranger – Provinces-Unies d'abord, puis Angleterre et France – et ne profitent plus guère à une métropole appauvrie.

depuis 1668, date de la séparation des couronnes d'Espagne et du Portugal.

Les Habsbourg de Vienne

La position des Habsbourg de Vienne traduit, elle aussi, un profond repli par rapport au début du siècle. Léopold Iᵉʳ, empereur depuis 1657, hérite une situation créée par les traités de Westphalie de 1648 qui, à l'instigation de la France, ont maintenu la division religieuse de l'Empire et réduit considérablement les pouvoirs de l'empereur en renforçant ceux des princes. Ceux-ci sont pratiquement indépendants à l'intérieur de leurs États, et les prérogatives de l'empereur, élu par les huit Électeurs, sont purement honorifiques. Parmi les quelque 350 États allemands – princes ecclésiastiques, princes laïcs, villes –, les trois plus importants sont, en dehors de l'Autriche et de la Bohême, la Saxe, la Bavière, et surtout le Brandebourg, qui s'étend en Allemagne du Nord,

Amsterdam est au XVIIᵉ siècle l'une des villes les plus actives et les plus peuplées d'Europe (200 000 habitants vers 1700). Ce grand port et centre financier, que certains vont jusqu'à qualifier de « marché et d'entrepôt du monde », est aussi une grande apitale intellectuelle et artistique, patrie de Rembrandt. Ci-dessus, la place centrale du Dam, avec l'hôtel de ville, inauguré en 1655.

de façon discontinue, du duché de Prusse au duché rhénan de Clèves. Contraints d'abandonner le rêve, un moment caressé, de transformer l'Allemagne en un empire centralisé et catholique, les Habsbourg de Vienne vont se retourner vers leur archiduché d'Autriche et leurs royaumes de Bohême et de Hongrie et s'attacher à en faire un vaste État danubien, en tentant notamment de reprendre aux Turcs la totalité de la Hongrie.

Né en 1640, Léopold Ier (ci-dessous en costume de ballet), fils de l'empereur Ferdinand III, devient, à la mort inopinée de son père en 1657, souverain des États patrimoniaux de la maison d'Autriche (Autriche, Bohême, Hongrie). Il est élu empereur germanique en 1658.

Les Provinces-Unies

La puissance des Provinces-Unies, dont Louis XIV ne semble pas mesurer l'importance, est d'une tout autre nature. Il est vrai que le roi de France ne conçoit de grand État qu'incarné dans un souverain héréditaire régnant sur un pays vaste et peuplé et imposant le respect à ses voisins par la force de ses armes. Que le « commerce » puisse faire de la petite République des Provinces-Unies la seule puissance capable de porter ombrage aux véritables intérêts de la monarchie française est pour lui inconcevable. Et pourtant, il est évident qu'avec son million et demi d'habitants sur un territoire exigu, la Hollande et les six provinces qui lui sont unies constituent, au milieu du XVIIe siècle, la première puissance économique du monde. En dehors de l'activité industrielle, la richesse des Provinces-Unies vient du grand commerce maritime sur toutes les mers du globe.

La Compagnie des Indes orientales exploite le vaste empire colonial constitué dans l'océan Indien, autour de Java, aux dépens des Espagnols et des Portugais, cependant que la Compagnie des Indes occidentales trafique dans le Nouveau Monde au mépris de l'« exclusif » hispano-portugais. Les marchandises affluant aux Provinces-Unies sont ensuite

redistribuées partout. Au milieu du siècle, la plus grande part du commerce de l'Angleterre, de la France, de l'Espagne, des États allemands et italiens est aux mains des Néerlandais dont les marins sont vraiment les « rouliers des mers », et les ports, les « magasins généraux » de tout le continent : la flotte marchande représente les trois quarts de toute la flotte européenne, cependant qu'Amsterdam, avec son port, sa Bourse et sa Banque, est la plus grande place financière et maritime de l'Europe.

Hugues de Lionne (à gauche), diplomate habile, dirige la politique extérieure de la France jusqu'à sa mort en 1671.

Au milieu du XVIIe siècle, la puissance ottomane reste redoutable pour l'Europe chrétienne. À partir de 1656, deux sultans énergiques (ci-dessous, Soliman II) entreprennent un redressement spectaculaire que les troupes impériales stopperont net au Saint-Gothard en 1664.

De l'Angleterre à la Russie

« L'Angleterre respirait à peine de ses maux passés et ne tâchait qu'à affermir le gouvernement sous un roi nouvellement rétabli. » La phrase de Louis XIV rend bien compte des réalités. Après la première révolution anglaise, l'exécution de Charles Ier (1649), la dictature de Cromwell (1653-1658) et la restauration de Charles II (1660), l'Angleterre, en guerre contre les Provinces-Unies pour des raisons économiques, ne peut en aucun cas constituer une menace pour la France. Enfin, en Europe septentrionale et orientale, la Suède, qui a pris pied en Europe continentale, reste l'alliée de la France. Quant à la Pologne, elle est à peine sortie d'une longue période de troubles et d'invasions et, au-delà, en Russie, le tsar Alexis Romanov s'est lancé dans d'importantes réformes intérieures. Mais, de toute façon, ce sont là terres trop lointaines pour que Louis XIV les mentionne dans son tableau de l'Europe en 1661. À plus forte raison ne cite-t-il pas l'Empire ottoman, situé au-

Louis XIV, qui voit surtout dans les Turcs une menace pour les Habsbourg, entretient de bonnes relations avec le sultan, ou « Grand Turc », cependant qu'au théâtre les « turqueries » comme celles du *Bourgeois gentilhomme* sont à la mode.

delà des limites de l'Europe chrétienne. Au total, le roi a raison en concluant ce tableau sur « la parfaite tranquillité » dont jouissent alors la France et l'Europe. Mais il ajoute à ce constat ce propos inquiétant : « Mon âge et le plaisir d'être à la tête de mes armées m'auraient fait souhaiter un peu plus d'affaires au-dehors. » La fougue juvénile du futur « roi de guerre » sera-t-elle conciliable avec le désir, sincèrement exprimé dans le même temps, de « faire le bonheur de ses peuples » ? C'est la grande question qui se pose ainsi implicitement dès 1661 et qui courra tout au long du règne.

Sous l'Ancien Régime, les almanachs sont une des lectures les plus répandues, et souvent même la seule dans les milieux populaires, massivement illettrés. Outre le calendrier des douze mois de l'année et des phases de la Lune, ils contiennent des contes, des anecdotes, des préceptes de toutes sortes, des recettes médicales, ainsi que des prédictions (bien que celles-ci soient en principe interdites). À partir de 1699, paraît tous les ans un *Almanach royal* qui fournit, outre le calendrier, divers renseignements administratifs. La gravure de première page, consacrée en général à un événement majeur de l'année écoulée, constitue un véritable document de propagande. Celle de l'almanach pour l'année 1669, intitulée *Tableau des nations de l'Europe sous le règne de Louis XIV, en tout victorieux* (ci-contre), glorifie la position de la France en Europe, au lendemain du traité d'Aix-la-Chapelle, signé en 1668. Au centre de l'image, Louis XIV, le sceptre en main, son épouse à son côté, le jeune dauphin de sept ans, debout devant eux. Les personnages qui les entourent figurent les principales « nations » de l'Europe.

Sous l'impulsion de Colbert, les finances sont remises en ordre, l'équilibre budgétaire provisoirement assuré et l'activité économique relancée afin d'enrichir le royaume. Savants, écrivains, artistes sont invités à œuvrer pour la plus grande gloire du roi. Pendant ce temps, Louis XIV, persuadé que celle-ci s'acquiert surtout sur les champs de bataille, se lance dans une politique extérieure de conquêtes.

CHAPITRE 3

S'ENIVRER DE GLOIRE

❝Ce fut là [lors du carrousel de 1662] que je commençai à prendre [la devise] que j'ai toujours gardée depuis; et que vous voyez en tant de lieux. [...] elle devait représenter, en quelque sorte, les devoirs d'un prince, et m'exciter éternellement moi-même à les remplir. On choisit pour corps le soleil, qui, dans les règles de cet art, est le plus noble de tous [...] on me persuada d'ajouter le globe de la terre et pour âme *Nec pluribus impar* ["supérieur à tous"].❞

Louis XIV,
Mémoires pour l'année 1662

Le « colbertisme »

Loin d'être l'homme d'une doctrine
– le « colbertisme » – appliquée
contre vents et marées, Colbert est un
pragmatique qui s'est donné un « grand
dessein », la gloire du roi. Or celle-ci
postule la richesse de l'État. Il utilise
pour y parvenir les moyens qui lui
paraissent les meilleurs. L'un de ses
premiers soucis est de remettre de
l'ordre dans les finances. Il réussit
même à assurer pendant quelques
années l'équilibre budgétaire, grâce à
une comptabilité sévère et à un meilleur
rendement de la fiscalité. Une chambre

Les impôts indirects
(aides, traites et gabelle)
étaient levés par les
financiers (ci-dessus)
pour le compte de l'État.

de justice est créée en 1662 pour « la recherche des
abus et malversations commis depuis 1635 », et plus
précisément au temps de Fouquet. Colbert traque
les faux nobles, exonérés indûment de la taille,
et cherche à alléger le poids de celle-ci sur tous
les Français non privilégiés en majorant les impôts

indirects sur la circulation et la consommation des produits. Il conserve l'affermage de ceux-ci, mais s'efforce de le rationaliser en créant en 1681 la ferme générale, qui regroupe les aides, gabelle et autres taxes indirectes. Il renforce ainsi, après l'avoir dénoncé, le système fisco-financier fondé sur les gens de finances, fermiers et traitants, qui continuent à constituer les intermédiaires indispensables entre les contribuables et l'État. Tout au plus essaie-t-il de mieux contrôler ce système. La paix aidant, cette politique permet d'équilibrer le budget pendant quelques années.

Colbert partage avec ses contemporains la conviction que la quantité d'or et d'argent en circulation dans le monde est à peu près constante et que la richesse d'un État se mesure en numéraire. Il faut donc, pour enrichir le royaume, acheter peu aux étrangers et leur vendre beaucoup. Ce qui lui est propre, c'est l'effort qu'il entreprend pour diriger l'économie dans cette perspective, non sans se heurter dans la réalité aux pesanteurs de la société française.

Sur un quai de Nantes (ci-dessous), des agents du fisc prélèvent la « prévôté de Nantes », droit de douane propre à la ville. La Bretagne, rattachée au royaume en 1532, a un régime fiscal et douanier particulier. Elle est notamment exemptée de la gabelle, impôt sur le sel, de gros rapport pour le roi, le sel étant indispensable à la conservation des aliments. À la frontière de la Bretagne, Maine et Anjou sont, au contraire, des pays dits « de grande gabelle », où l'impôt est très lourd et, de ce fait, le sel plus cher. Il en résulte une intense contrebande, pratiquée par les « faux-sauniers » en dépit de l'étroite surveillance des gabelous.

«Acheter peu, vendre beaucoup»

Les problèmes agricoles n'intéressent que secondairement Colbert. Du moins entend-il que les paysans puissent fournir aux villes pain et matières premières au meilleur coût. La production manufacturière retient par contre toute son attention et il s'efforce de la développer et de la protéger. L'augmentation de la production est assurée surtout par la création de manufactures : les unes, manufactures d'État, telle celle des Gobelins, créée en 1661, les autres, manufactures royales, c'est-à-dire appartenant à des particuliers mais recevant du roi d'importants privilèges (monopole de fabrication, exemptions fiscales), et travaillant notamment pour l'exportation. La protection de la production est assurée, en 1664, par un nouveau tarif douanier frappant lourdement les produits étrangers à leur entrée en France. Une nouvelle aggravation, en 1667, aboutit à prohiber celle de presque tous les produits anglais et hollandais.

Produire n'est pas tout, il faut aussi vendre à l'étranger. Cela suppose d'abord que les produits circulent dans les meilleures conditions à l'intérieur du royaume, et notamment en direction des grands ports d'embarquement. Des efforts sont faits pour alléger le poids des douanes intérieures et surtout pour améliorer la circulation sur les voies d'eau : sont creusés le canal d'Orléans, qui va de la Loire à la Seine, et le canal des Deux-Mers reliant la Garonne à la Méditerranée, gigantesque chantier mené à bien par Riquet entre 1666 et 1681. Mais le réseau routier reste médiocre.

L'essentiel est de faire assurer la majeure partie du commerce extérieur par des bateaux français. À cet effet, Colbert favorise la construction navale et surtout crée des compagnies de commerce dotées de monopoles d'exploitation et d'importants privilèges : Compagnies des Indes orientales et des Indes

Le 15 octobre 1667, Louis XIV visite la manufacture des Gobelins (ci-dessus), créée quelques mois plus tôt. Sous la direction de Charles Le Brun, les Gobelins deviennent vite la grande fabrique…

occidentales en 1664, du Nord en 1669 et du Levant en 1670. Mais les résultats sont décevants et les positions commerciales des Hollandais si peu entamées que, dès 1670, le roi et son ministre sont persuadés que l'indépendance économique du royaume et l'essor de son commerce extérieur ont pour préalable la défaite militaire des Provinces-Unies.

... de meubles et surtout de tapisseries à destination des résidences royales. Les sujets des « tentures » ont pour but, à l'instigation de Colbert, d'exalter le roi à travers ses conquêtes et ses actions.

Mécomptes et réussites

En fait, la guerre déclarée en 1672 n'aboutit pas, on le verra, aux résultats escomptés. En outre, les compagnies de commerce, mal soutenues par des capitaux privés insuffisants, périclitent et bientôt disparaissent, à l'exception de la compagnie des Indes orientales. Il en est de même de beaucoup des grandes manufactures. La cause profonde de cette situation réside dans l'indifférence à laquelle se heurte Colbert dans ses efforts pour drainer vers

La France de Louis XIV connaît vingt-six années de guerre sur les cinquante-quatre de règne personnel. L'économie doit donc s'adapter à cette situation de fait, notamment pour les relations commerciales avec les pays étrangers, source première de la richesse du royaume. C'est de cette nécessité que naît la guerre dite « de course ». Celle-ci consiste, en temps de conflit, à octroyer à des bateaux marchands français des « lettres de course » les autorisant à attaquer tous les bateaux de commerce battant pavillon d'une puissance avec laquelle la France est en guerre. Saint-Malo devient le principal foyer de cette activité risquée, mais lucrative.
Les « corsaires » se distinguent donc des « pirates » (aussi appelés « flibustiers » ou « forbans ») qui, eux, arraisonnent les bateaux marchands sans lettres de course, qu'ils soient ennemis, neutres ou... français. Les traités de Nimègue, en 1678-1679, donnent l'occasion de célébrer les bienfaits de la paix, de même que vingt ans plus tard, les traités de Ryswick, comme le montre cette gravure de l'*Almanach royal* de 1699 intitulée *Les Heureux Fruits de la paix par le rétablissement du commerce universel* (ci-contre).

le grand commerce maritime ou les manufactures
les capitaux de la bourgeoisie, qui préfère
investir en placements fonciers, en achats
d'offices, en constitutions de rentes
entre particuliers. D'autre part,
Angleterre et Provinces-Unies sont
des concurrents trop redoutables
pour être évincés facilement.

Pourtant, si les réalisations
ne sont pas toutes à la mesure
des projets, certaines réussites de
l'économie française entre 1660 et
1680 sont incontestables et riches
d'avenir. Le tonnage de la flotte marchande double
en vingt ans. Le commerce extérieur s'accroît
en volume et il est assuré de plus en plus par
des bateaux français. Rouen, Saint-Malo, Nantes,
La Rochelle, Bordeaux sont en relations avec toute
l'Europe et commencent à participer aux échanges
avec l'océan Indien et le Nouveau Monde. Marseille
réussit à développer le commerce du Levant, malgré
la concurrence anglaise. Beaucoup de fabrications
stimulées par ces progrès du commerce extérieur

Rouen (ci-dessus)
est un port actif tant
pour le cabotage (trafic
avec les autres ports
français) que pour
le commerce lointain.
Les navires utilisés vont
de la frégate (moins
de cinquante tonneaux,
ci-dessus) aux gros
caboteurs (cent
tonneaux et plus).

sont prospères. Et dans le même temps, la France se fait une place outre-mer.

La France au-delà des mers

La puissance et la prospérité d'un État ne se mesurent pas seulement à l'aune d'un commerce extérieur excédentaire, mais aussi à sa présence au-delà des mers. Depuis la fin du XVe siècle et l'ouverture sur le monde qu'ont constituée pour l'Europe le contournement de l'Afrique et la découverte de l'Amérique, les Européens se sont lancés sur les mers, mus

LES VOYAGES DE L

par des mobiles inextricablement liés : étendre la souveraineté de l'État à des terres inconnues, rapporter directement en Europe des métaux précieux et des épices dont la demande ne cesse d'augmenter, accroître le royaume de Dieu en convertissant les indigènes à la foi chrétienne.

C'est en 1608 que Samuel de Champlain fonde sur la rive gauche du Saint-Laurent l'« habitation » de Québec. Son ambition est de créer une nouvelle France dans la vallée du grand fleuve et sur les rives de la péninsule d'Acadie. Mais les résultats sont longtemps médiocres, dans la mesure où les colons venus de France sont en nombre très insuffisant. Pourtant, en 1642, est fondée Montréal à l'initiative d'un pieux laïc champenois. Vers 1660, la colonie ne compte encore que quelque 2 000 Français, venus surtout de l'ouest du royaume : agriculteurs, commerçants, coureurs de bois, missionnaires, à la merci des attaques des Iroquois. En 1663, Colbert, qui veut relancer la Nouvelle-France, envoie le régiment de Carignan contre les Iroquois, transforme la colonie en possession de la couronne et lui donne la structure administrative d'une province

En 1682, René Robert Cavelier de la Salle (1643-1687) descend le Mississippi depuis la Nouvelle-France jusqu'à l'embouchure du fleuve, dans le golfe du Mexique. Au passage, il prend possession au nom du roi de France des vastes territoires situés de part et d'autre du fleuve, qu'il baptise Louisiane. Longtemps, la monarchie française n'eut pas conscience de l'intérêt géostratégique de cet empire des Plaines et ne donna pas les moyens de sa mise en valeur, ni de sa défense. Il faudra attendre 1698 pour que le roi donne à Pierre Le Moyne d'Iberville l'ordre de fonder un fort à l'embouchure du Mississippi (ci-dessus, gravure commémorative).

française, avec gouverneur, intendant et conseil souverain équivalant à un parlement. Sans méconnaître l'importance de la traite des fourrures qui représente l'intérêt majeur de la colonie aux yeux de la métropole, Jean Talon, intendant de 1665 à 1672, s'efforce de faire de l'établissement des bords du Saint-Laurent une colonie agricole de peuplement en encourageant l'immigration et en développant la mise en valeur des rives du fleuve.

Dans le même temps, la Nouvelle-France s'agrandit sous les efforts conjugués des missionnaires et des coureurs des bois. En 1669-1670, le négociant Joliet explore le pourtour des Grands Lacs, puis en 1673, parti du lac Michigan avec le missionnaire jésuite Marquette, commence la descente du Mississippi. En 1681-1682, Cavelier de La Salle descend le grand fleuve jusqu'à son embouchure et, au nom de

Québec, fondée par Samuel de Champlain en 1608 (ci-dessous), restera la capitale administrative de la Nouvelle-France jusqu'à la défaite contre les Anglais de 1759. En 1665, la France décide d'investir pour développer l'économie de la colonie et y encourager l'émigration française. Jusqu'en 1673, sont envoyées ainsi 750 jeunes filles à marier, des orphelines pour la plupart. En 1686, la population est de 10 000 habitants, pour 3 215 en 1666.

OVVELLE FRANCE OCCIDENTALE, DICTE

CANADA, FAITS PAR LE Sʳ DE CHAMPLAIN

Louis XIV, prend possession de toute la contrée qu'il baptise Louisiane. D'autres explorateurs atteignent vers l'ouest le lac Winnipeg, cependant que trafiquants et pêcheurs français s'efforcent de disputer aux Anglais la région de la baie d'Hudson et les rives de Terre-Neuve. Ainsi, vers 1700, c'est presque toute l'Amérique du Nord qui serait en passe de devenir française, si les Anglais n'étaient très solidement implantés sur la côte atlantique.

À la fin du XVIIe siècle, la canne à sucre cultivée aux Antilles est transformée en sucre brut, avant d'être transportée en France par bateau. Le travail dans les champs et dans la sucrerie (ci-dessous) est assuré par les esclaves amenés d'Afrique par la traite.

Les Antilles françaises

Depuis le début du XVIe siècle, les Espagnols possèdent les Antilles, comme la majeure partie du Nouveau Monde. Mais, accaparés par l'exploitation du Mexique et du Pérou, ils se désintéressent bientôt de leurs établissements antillais, tout en s'assurant la maîtrise de la mer des Caraïbes. Dans les années 1630, l'affaiblissement de la puissance navale espagnole laisse pratiquement le champ libre à un certain nombre d'aventuriers européens vivant de la chasse dans les îles (boucaniers) ou de la piraterie sur mer (flibustiers). Parallèlement, les Provinces-Unies, la France, l'Angleterre entreprennent la colonisation de certaines îles. Les Français prennent pied à Saint-Christophe en 1625, à la Guadeloupe et à la Martinique en 1635. À son arrivée aux affaires, Colbert décide d'y consolider la présence française.

Le Code noir de 1685, qui fixe juridiquement leur situation, comprend soixante articles qui font de l'esclave un bien meuble, propriété de son maître, même s'il définit les obligations de celui-ci à son égard : le vêtir, le nourrir, l'entretenir s'il devient infirme, s'interdire de le mutiler et de le torturer, ce qui n'exclut pas le droit de le battre ou de l'enchaîner. Dans la réalité, nombre d'articles du Code noir ne sont pas respectés, pas plus que ne sont inquiétés les mauvais maîtres.

[Document manuscrit en haut de page]

126

Conditions pour le Traite de Quatre mil cinq cens Negres Entre monsieur Boistard et monsieur Guillaume Pedy.

M. Pedy s'engage de fournir aud. S.r Boistard La quantité de Quatre mil cinq cens negres piece d'Indes, aux risques, perils, et fortune dud. S.r Pedy jusqu'à la livraison, Laquelle Sera faite en trois années comme il est dit cy après article dix aux conditions que S'il arrivoit que les Vaisseaux perissent, Fussent pris, qu'il arrivat grande mortalité parmi lesd. negres, ou que la navigation des Bâtiments Fut empêchée par Force majeure

Ces îles sont alors peuplées de quelque 15 000 colons, cultivant le tabac et surtout la canne à sucre grâce à une main-d'œuvre parmi laquelle les esclaves noirs sont de plus en plus nombreux. Colbert confie le monopole de l'exploitation des Îles à la Compagnie des Indes occidentales créée en 1664. Après sa dissolution en 1674, les Antilles françaises passent sous administration royale.

Elles s'enrichissent en 1665 de la partie occidentale de Saint-Domingue, dont la mise en valeur progresse rapidement. Là, comme à la Martinique et à la Guadeloupe, se met peu à peu en place une société coloniale fondée sur l'esclavage et la culture de la canne à sucre. Les esclaves, captifs noirs amenés d'Afrique, sont près de 50 000 vers 1680. Élaborée à l'instigation de Colbert et publiée en 1685, l'ordonnance dite Code noir entend réglementer leur condition face aux maîtres dont ils sont la propriété. Vers 1700, c'est sur de tels fondements que les Îles sont prêtes à constituer un élément moteur de la prospérité de l'économie française au XVIIIe siècle.

Ci-dessus, contrat de livraison d'esclaves entre un « négrier » et un planteur des Îles (1698); ci-dessous, les aventures des boucaniers sont une source d'inspiration pour la littérature du XVIIe siècle.

Les sciences, les lettres et les arts au service du roi

Plus encore que la prospérité du royaume, le mécénat à l'égard des savants, des écrivains et des artistes est pour Louis XIV un impératif prioritaire. La disgrâce du surintendant Fouquet en 1661 a été celle d'un ministre trop puissant, mais aussi d'un mécène qui a su réunir autour de lui, grâce à ses libéralités et à son ouverture d'esprit, quelques-uns des meilleurs écrivains et artistes de son temps. Louis XIV ne peut accepter une telle situation : seul un mécénat d'État est concevable, tous les talents, quels qu'ils soient, devant être mis au service du roi. Le Vau, Le Brun et Le Nôtre, créateurs de Vaux-le-Vicomte, sont envoyés à Versailles. Le roi a par ailleurs la chance insigne d'accéder au pouvoir au moment où les dernières tragédies de

Corneille et les premières pièces de Molière et de Racine sont écrites et jouées, et les premiers sermons de Bossuet, prononcés. Soucieux de tout ce qui contribue à la gloire du roi, Colbert se montre un auxiliaire précieux qui s'ingénie à encadrer et à mettre au service de son maître savants, écrivains et artistes.

Les savants

En 1665, il favorise les débuts du *Journal des savants*, hebdomadaire d'information scientifique. En 1666, il fonde l'Académie des sciences

Fondé en 1665 par le magistrat Denis de Sallo, le *Journal des savants* (à gauche) est le plus ancien périodique savant. Il se donnait pour mission générale de faire en sorte qu'il ne se passe rien en Europe digne de la curiosité des gens de lettres qu'on ne puisse y apprendre, qu'il s'agisse de beaux-arts, de droit, de sciences, de religion, d'astrologie, ou de découvertes.

L'anatomie reste la base de nombreux travaux scientifiques. Ci-dessus, dessin de boîte crânienne par Le Brun et à droite, planche de travail de l'Académie des sciences.

L'Observatoire doit servir de lieu de travail pour l'Académie des sciences et pour l'Observatoire royal. Un terrain est acheté hors de Paris, au-delà de la Fausse Porte Saint-Jacques, et les travaux sont confiés à Claude Perrault. La première pierre est posée le 21 juin 1667, le gros œuvre achevé en 1672 et les aménagements en 1682 (ci-contre, le 1er mai 1682, Colbert présente à Louis XIV les membres de l'Académie des sciences à l'Observatoire). Il sera vite délaissé par les académiciens, qui le trouvent trop éloigné, et entièrement consacré à l'astronomie sous la direction de l'Italien Jean Dominique Cassini.

pour faire pièce à la Royal Society créée à Londres quatre ans plus tôt. La même année, il fait construire l'Observatoire de Paris et, en 1671, réorganise le Jardin du Roi.

Dans beaucoup de domaines, les progrès sont considérables. La publication en 1678 de l'*Abrégé de la philosophie de Gassendi* par François Bernier témoigne du succès décisif des découvertes de Galilée et de l'héliocentrisme. En astronomie, Jean Picard mène à bien, entre 1669-1670, la mesure d'un arc de méridien entre Amiens et Paris. En physique, Huygens met en évidence la force centrifuge, préparant les découvertes de Newton. Professeur de botanique au Jardin du Roi, Tournefort fait faire

à la botanique des progrès décisifs. En revanche, la médecine reste fermée aux grandes leçons du siècle.

Les écrivains

En 1642, à la mort de Richelieu, son fondateur, l'Académie française avait choisi comme protecteur le chancelier Séguier. Lorsque celui-ci meurt en 1672, les académiciens s'empressent de demander au roi lui-même d'être leur nouveau protecteur et, en 1694, ils lui offrent solennellement le premier exemplaire du *Dictionnaire de l'Académie française*. Tous ceux qui, dans le royaume ou ailleurs, écrivent en français, disposent désormais d'un instrument qui codifie une langue claire, simple, débarrassée, au moins en principe, des obscurités et des archaïsmes.

Au-delà de l'usage du français, les écrivains du temps partagent un idéal dit « classique » (non sans anachronisme puisque le terme date du XIXe siècle)

PHEDRE & HIPPOLYTE

qui renvoie à un certain nombre de valeurs communes, par-delà la variété des genres littéraires et surtout le talent ou le génie propre à chacun : imitation de l'Antiquité gréco-latine, dont les auteurs sont considérés comme des modèles inégalés ; souci de la clarté et de la rigueur grâce au contrôle de la raison ; recherche du grand et du majestueux, sans jamais tomber dans l'exagération et la démesure. Le « grand goût » établit une hiérarchie dans les genres et dans les sujets : la tragédie à personnages historiques, empruntée le plus souvent à l'Antiquité,

Ci-dessus, de gauche à droite, Boileau, Molière et Racine. En 1659, Molière (1622-1673) s'installe pour de bon à Paris où il crée, notamment devant la Cour, grâce à l'appui de Louis XIV, comédies et comédies-ballets. Boileau (1636-1711) sera un grand défenseur de l'ordre classique.

versifiée en alexandrins, l'emporte sur la comédie, surtout si elle est en prose ; l'éloquence sacrée, notamment l'oraison funèbre, est le genre noble par excellence. Dans son *Art poétique* (1674), Boileau se fait le grand théoricien de cet idéal classique.

Toutefois, à la fin du siècle, les critiques se font jour contre l'autorité tyrannique des tenants de l'art classique. En 1688, Fontenelle publie une *Digression sur les Anciens et sur les Modernes* dans laquelle il écrit notamment : « Rien n'arrête tant le progrès des choses, rien ne borne tant les esprits que l'admiration excessive des Anciens ». Boileau proteste immédiatement et rappelle les grands thèmes de l'idéal classique. À leur tour, La Fontaine, Racine, Bossuet disent tout ce qu'ils doivent aux Anciens. Ainsi débute la longue querelle dite des Anciens et des Modernes qui, pour mesquine et mal posée qu'elle apparaisse à bien des égards, n'en est pas moins importante : elle marque la fin de l'équilibre classique et annonce le XVIIIe siècle.

Le théâtre est un des genres les plus prisés du public du XVIIe siècle. Le succès est désormais du côté de Racine (1639-1699). De 1667 à 1677 il fait représenter à Paris, à l'hôtel de Bourgogne, avec un succès qui ne se dément pas, sept tragédies dont la dernière, *Phèdre* (ci-contre), en 1677, provoque une cabale qui l'amène à rompre avec le théâtre. La pureté de la forme et la profondeur de l'analyse psychologique en font le plus grand poète dramatique du siècle de Louis XIV. Les comédies-ballets sont également très prisées du roi qui en fait donner souvent à l'occasion des fêtes dans les jardins de Versailles (ci-dessous, *Le Grand Divertissement royal de Versailles* donné dans le bosquet de la Salle de bal en 1668).

La musique

La musique joue dans les fêtes de cour un rôle de premier plan. Musicien comme son père, Louis XIV est de surcroît un danseur accompli. Il danse lui-même sur scène, en tête de ses gentilshommes, au moins jusqu'en 1670, et c'est avec son plein appui que le Florentin Lully acclimate en France l'opéra italien. En 1671, il devient directeur de l'Académie royale de musique, créée en 1669. *Cadmus et Hermione*, écrit sur un livret de Quinault et représenté à Paris le 27 avril 1673 en présence du roi, est le premier exemple d'opéra à la française. Cette « tragédie en musique », avec son sens du spectacle et du merveilleux que traduisent intrigue, décors, costumes, effets de machinerie, répond parfaitement au but que Louis XIV assigne à l'art : « chanter la gloire du roi ». Plus que dans certaines architectures, durables ou éphémères, c'est dans l'opéra qu'éclate le mieux le caractère baroque du règne, en contrepoint du classicisme de la tragédie racinienne et non en contradiction avec lui. À sa mort, en 1687, Lully aura écrit quinze opéras, de nombreux ballets de cour pour les fêtes de Versailles, mais aussi des œuvres religieuses, notamment un *Miserere* et un *Te Deum*. Après lui, Marc Antoine Charpentier, Michel Richard Delalande, François Couperin sont des compositeurs à la fois de musique profane et de musique religieuse. Chanter la gloire de Dieu n'est-il pas une façon indirecte d'exalter en même temps ce « vice-Dieu » qu'est le Roi Très Chrétien ?

Le roi aime la musique, mais surtout la danse. Il crée l'Académie de danse en 1662, dix ans avant celle de musique. Il se produisit en personne dans plusieurs ballets de cour, comme dans le *Ballet de la Nuit* donné en 1653, où il apparaissait en Soleil (ci-contre).

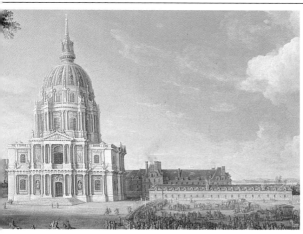

L'architecture

Plus encore que des écrivains, le roi attend des artistes qu'ils travaillent à sa gloire. Les diverses résidences royales doivent, dans leur architecture, leur décoration, leur mobilier, leurs jardins, l'emporter sur tout ce qui se fait ailleurs en beauté et en magnificence, et les meilleurs artistes, français et étrangers, doivent être honorés de travailler pour le roi de France. Cette mobilisation des artistes dépasse le seul chantier de Versailles : à Paris, comme dans les grandes villes du royaume, les arcs de triomphe ou les places royales obéissent au même mobile de glorification du roi.

Versailles ne doit pas occulter les autres grandes réalisations du règne dans la capitale, à laquelle Louis XIV resta très attaché en dépit des souvenirs de la Fronde. Entre 1661 et 1668, Le Vau agrandit Vincennes. En 1672, le roi, qui songe à achever le palais du Louvre du côté de Saint-Germain-l'Auxerrois depuis dix ans déjà, charge les architectes Louis Le Vau et Claude Perrault d'édifier la longue façade qui, avec ses lignes horizontales, son fronton triangulaire et surtout sa colonnade, résume dans sa sobriété et son élégance les données de l'architecture classique (en bas). En 1670, Louis XIV décide la création d'un établissement royal destiné à accueillir les invalides de guerre ou les militaires « caducs » (en haut, à l'arrière-plan). Sur les plans de Libéral Bruant, un grand ensemble est construit à l'ouest de Paris, sur un vaste terrain au-delà du faubourg Saint-Germain, en bordure de la Seine : l'hôtel des Invalides. En 1676, le projet de l'église, au sud, est confié à Jules Hardouin-Mansart qui réalise la grande église royale, dite église du Dôme (ci-dessus). Le décor de ce chef-d'œuvre de l'architecture classique française est confié aux plus grands artistes du temps. Il est inaugurée par le roi le 26 août 1706.

L'infatigable Colbert, surintendant des Bâtiments depuis 1664, relaie là aussi l'action royale. Il soutient activement l'Académie de peinture et de sculpture, fondée en 1648, qui devient sous l'impulsion autoritaire de Charles Le Brun un véritable laboratoire, formulant des « règles certaines en faveur de ceux qui veulent professer ces nobles arts ». En 1671, il crée l'Académie d'architecture qui dispense un enseignement spécialisé et envoie ses meilleurs élèves achever leur formation à Rome, à l'Académie de France, qu'il a fondée en 1666.

Dés 1660, en architecture, en sculpture et en peinture, l'art classique prévaut, avec ses impératifs qui recoupent ceux de la littérature et dont l'élaboration théorique se poursuit : au premier chef,

Ce portrait équestre de Louis XIV dont l'original fut peint par Pierre Mignard en 1673 est une excellente illustration du roi de gloire : le souverain, en costume romain, retient avec calme et maîtrise un cheval fougueux devant Maastricht, cependant qu'au-dessus de lui une allégorie de la Victoire se prépare à le couronner de lauriers.

l'imitation de l'Antiquité doublée du goût très français pour la clarté et la rigueur et combinée avec le sens du majestueux et du grandiose. En architecture, on reste fidèle aux formules antiques revues par la Renaissance, fronton triangulaire, ordres superposés, colonnade, dôme, terrasse. C'est dans le jeu entre ces divers éléments que s'exprime l'originalité de chaque constructeur.

Le palais du Louvre, déserté par Louis XIV, est peu à peu occupé par des artistes pensionnés par le roi et par diverses académies, notamment celle de peinture, qui y organise des expositions pour le public (ci-contre). Charles Le Brun (1619-1690), nommé premier peintre du Roi en 1662 devient directeur de l'Académie royale sur ordre de Colbert. Il règnera sur les arts jusqu'à la mort du ministre, en 1683. Son œuvre témoigne souvent de l'influence « baroque » sur l'art classique français (ci-dessous, dessin de Le Brun pour le décor de la chapelle du château de Sceaux).

Sculpture et peinture

En sculpture et en peinture, les allégories mythologiques sont plus que jamais à la mode, de même que les portraits à l'antique. Toutefois, ce classicisme n'exclut pas une forme d'ouverture à l'art qui triomphe en Italie et surtout à Rome à partir des années 1600 et que l'on appellera ultérieurement « baroque », art du mouvement et de l'ostentation, de l'exubérance et de l'irrationnel. Cette influence apparaît en France non dans l'architecture, qui reste résolument classique, à de rares exceptions près, mais dans l'œuvre de certains décorateurs, sculpteurs et peintres, notamment les auteurs de ces « constructions éphémères » que sont les grandes pompes funèbres, les décors de théâtre ou de fêtes en plein air.

La politique conquérante du roi de guerre

Pour Louis XIV, plus que pour n'importe quel prince de son temps, l'exercice de la guerre est une composante essentielle de l'autorité souveraine. Il écrit dans ses *Mémoires* : « La guerre, quand elle est nécessaire, est une activité non seulement permise, mais commandée aux rois. » Or, ceux-ci sont seuls juges de cette nécessité. En outre, en tant que Roi Très Chrétien, il estime que Dieu l'a fait en quelque sorte l'arbitre de la paix et de la guerre. De cette conviction découle l'obligation d'entretenir des armées permanentes et coûteuses, d'où une surfiscalité, la guerre devenant ainsi le ferment du durcissement de l'absolutisme monarchique.

Dans de telles conditions, la diplomatie ne peut jouer qu'un rôle secondaire, intervenant surtout pour neutraliser d'éventuels adversaires et négocier les traités de paix. Les ambassadeurs installés dans toutes les cours d'Europe ont d'abord un devoir de représentation : ils sont chargés de faire éclater aux yeux de tous et en toutes circonstances la puissance de leur maître. L'argent tient une place essentielle dans la diplomatie de Louis XIV, qu'il s'agisse du

Si la cavalerie reste l'arme noble par excellence, elle n'est plus « la reine des batailles » et perd de son importance au bénéfice de l'infanterie. Pour recruter des fantassins (ci-dessous), Louvois institue, en 1688, la milice, système qui consiste à imposer à chaque paroisse de fournir, au prorata de la taille payée par celle-ci, un certain nombre d'hommes tirés au sort parmi les célibataires ou les mariés sans enfant, de 20 à 40 ans. Ces recrues sont destinées à servir de force auxiliaire à l'armée régulière, notamment pour la défense des places fortes, mais durant la guerre de la Succession d'Espagne les besoins sont tels que les miliciens seront incorporés aux armées en campagne.

paiement d'informateurs plus ou moins officiels, ou, plus encore, des pensions et présents généreusement distribués pour s'assurer l'appui discret du conseiller d'un souverain étranger ou même, plus directement, la fidélité de celui-ci.

Les armées du roi

Grâce à Michel Le Tellier et à son fils Louvois, qui réorganisent l'armée royale, Louis XIV se forge peu à peu un outil à la mesure de ses ambitions, quel qu'en soit le coût. L'armée, nationale et permanente, est de plus en plus nombreuse : 120 000 hommes en 1672, plus de 200 000 en 1679, recrutés selon le système traditionnel du racolage, c'est-à-dire des enrôlements plus ou moins volontaires. En 1688, devant les besoins accrus, Louvois organisera les milices provinciales qui permettront d'augmenter les effectifs totaux (380 000 hommes en 1702). Aux officiers et aux soldats de cette armée nombreuse est imposée une discipline aussi stricte que possible. Enfin, l'armement est modernisé : les fantassins – plus des deux tiers des effectifs – commencent à être dotés du fusil à pierre et, plus tard, de la baïonnette à douille. Le génie est dirigé depuis 1672 par

Besançon, prise une première fois par Condé en 1668 et restituée à l'Espagne au traité d'Aix-la-Chapelle, est assiégée de nouveau en mai 1674 par Louis XIV en personne et ouvre ses portes au roi de France après un court siège. Adam Van der Meulen, grand peintre de batailles, représenta l'événement (détail ci-dessus), comme bien d'autres conquêtes du roi, dans un tableau destiné à décorer le château de Marly. Au premier plan, le roi est entouré des officiers de son état-major et des soldats de sa garde. Au deuxième plan, le campement des troupes françaises, aux tentes bien alignées. À l'arrière-plan, le Doubs et la ville.

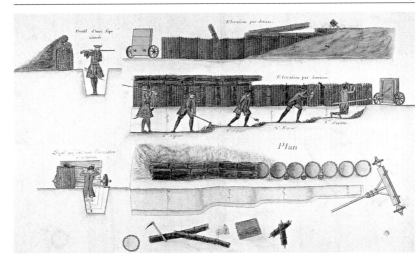

Vauban qui va pendant trente-cinq ans justifier la réputation qu'il s'est acquise : « Ville fortifiée par Vauban, ville imprenable; ville assiégée par Vauban, ville prise. »

Bien qu'il ne porte pas à sa marine un intérêt égal à celui qu'il porte à son armée, Louis XIV appuie les efforts de Colbert et de Seignelay pour doter le royaume d'une flotte digne de lui. En 1661, presque tout est à faire, et pourtant en 1685, la marine royale compte plus de 250 bâtiments dont les équipages sont recrutés selon le système de l'inscription maritime, organisé à partir de 1669 : tous les gens de mer, pêcheurs, marins, etc., sont inscrits sur des rôles par diocèses et répartis en classes appelées à servir dans la marine royale par roulement, à raison d'un an sur deux ou trois.

La perspective de la succession espagnole

Conscient de la place de premier plan qu'occupe la France dans l'Europe de son temps, Louis XIV entend affirmer cette prééminence en toutes circonstances et profiter des événements pour accroître celle-ci, éventuellement au prix de la guerre. Comme tous les souverains européens, Louis suit de très près le

L'arsenal de Rochefort (ci-dessous) fut créé à partir de 1665, avec son immense corderie, pour la fabrication des cordages des navires, de guerre notamment.

problème posé par l'éventuelle
succession espagnole depuis
qu'à la disparition, en
1665, du roi d'Espagne
Philippe IV, le trône est
passé au fils unique de
celui-ci, Charles II, âgé
d'à peine quatre ans et
de santé très précaire.
Philippe IV laissait
aussi deux filles,
Marie-Thérèse,
mariée à Louis XIV,
et Marguerite-Thérèse,
future épouse de l'empereur
Léopold Ier. En outre, la mère
du roi de France (Anne
d'Autriche) et celle de l'empereur étaient sœurs,
filles toutes deux du roi Philippe III. Mais les droits
de Louis XIV étaient supérieurs à ceux de l'empereur,
dans la mesure où Anne d'Autriche et Marie-Thérèse
étaient filles aînées des rois d'Espagne. Il est vrai
qu'en 1659 Marie-Thérèse avait renoncé à ses droits,
sous réserve du paiement d'une dot de 500 000 écus
d'or ; mais cette dot n'avait jamais été payée.

Sébastien Le Prestre,
seigneur de Vauban
(1633-1707 ; ci-contre),
maréchal de France,
est d'abord un officier
du génie exceptionnel,
spécialiste dans l'art
d'assiéger les villes et
de disposer les camps
(page de gauche, dessin
d'une sape tiré de son
*Traité de l'attaque
et de la défense des
places*). Protégé par
Louvois, il consacre
sa vie à renforcer la
sécurité du royaume
en multipliant les
forteresses sur toutes
les frontières. Il connaît
la France mieux que
quiconque pour l'avoir
parcourue en tous sens.
Vivant avec ses
hommes « toujours
gueux sans jamais de
repos ni hiver ni été »,
il se fait leur défenseur,
n'hésitant pas à dénoncer
injustices et mauvais
traitements.

En fait, Louis XIV est trop réaliste pour songer à recueillir, le moment venu, la totalité de la succession espagnole, cette perspective ne pouvant que soulever l'opposition de l'Europe entière. Du moins compte-t-il obtenir l'accord de Léopold sur un traité de partage qui lui procurerait une part substantielle de l'héritage et qui servirait au mieux les intérêts de la France.

La guerre de Dévolution et la guerre de Hollande

En 1667, alors que Charles II d'Espagne n'est encore qu'un enfant, Louis XIV décide d'envahir la Flandre, en arguant du droit brabançon de dévolution, selon lequel les possessions ne peuvent être transmises qu'aux seuls enfants du premier lit (c'est le cas de Marie-Thérèse). Dans le même temps, une armée commandée par Condé envahit la Franche-Comté. Toutefois, les Provinces-Unies réagissent en signant avec l'Angleterre et la Suède une Triple Alliance dirigée contre la France. Louis XIV préfère céder :

Le passage du Rhin, le 12 juin 1672, est célébré par les contemporains dans un extraordinaire concert de louanges et par des réjouissances exceptionnelles dans tout le royaume, comme un événement militaire sans précédent dont le mérite revient à Louis XIV soi-même : c'est lui, en effet, qui contrairement à l'avis de Condé et de Turenne, a pris la décision de franchir le Rhin à la tête de ses troupes pour aller envahir la Hollande.

par le traité d'Aix-la-Chapelle (1668), il restitue la Franche-Comté à l'Espagne, mais conserve onze places fortes en Flandre, dont Lille et Douai.

En fait ce traité n'est pour Louis XIV qu'une trêve. En effet, il estime que, pour sa gloire et pour ses intérêts à la fois politiques et économiques, il lui faut écraser les puissantes Provinces-Unies. La guerre est soigneusement préparée par une intense campagne diplomatique qui les isole en assurant à Louis XIV soit l'alliance offensive, soit la neutralité de l'Angleterre, de la Suède et des princes allemands de la région rhénane. Le 6 avril 1672, la France déclare la guerre aux Provinces-Unies et, le 12 juin, une armée française, commandée par Condé force, sous les yeux du roi, le passage du Rhin et envahit la Hollande. Le 20, les Hollandais réagissent en ouvrant les digues retenant les eaux du Zuiderzee qui, bientôt, submergent une grande partie de la province, forçant les Français à s'arrêter et sauvant ainsi Amsterdam.

Le peintre Adam Van der Meulen, arrivé sur les lieux de l'événement quelques jours plus tard, réalise plusieurs compositions. L'une d'elles, intitulée *Le Passage du Rhin au gué de Tolhuis* (ci-dessus), représente, au premier plan, le roi, à cheval, « instruisant, disposant, ordonnant » tandis que la noblesse militaire se jette dans les eaux du fleuve sans attendre l'achèvement du pont de bateaux.

Parallèlement, le jeune Guillaume d'Orange est élu stathouder de Hollande et de Zélande et capitaine général et amiral à vie. En quelques mois, il réussit à redresser la situation sur le plan diplomatique, en signant la paix avec l'Angleterre et en formant contre la France une coalition comprenant l'Espagne, l'empereur et les États de l'Empire : la guerre de Hollande se transforme en guerre européenne. Louis XIV tourne alors tous les efforts de ses armées contre l'Espagne : la Franche-Comté est envahie pour la seconde fois, les principales places des Pays-Bas espagnols sont assiégées et conquises par Vauban. L'Alsace, un moment occupée par les troupes impériales, est dégagée par une rapide campagne d'hiver (novembre 1674-janvier 1675) de Turenne, tué au combat quelques mois plus tard. Ainsi, malgré les efforts des coalisés, la France réussit à garder l'avantage sur terre et même sur mer, avec la victoire de Duquesne sur le Hollandais Ruyter au large de Syracuse en janvier 1676.

En 1678, les coalisés se résignent à signer la paix à Nimègue. Les Provinces-Unies, que Louis XIV avait voulu anéantir, ne perdent rien. C'est l'Espagne

Henri de La Tour d'Auvergne, vicomte de Turenne (1611-1675), nommé maréchal général par Mazarin, a été le précepteur militaire de Louis XIV, avec lequel il fait la campagne de Flandre en 1667 (ci-dessus avec le roi lors du siège de Douai). Quand il revient à la Cour, c'est une marche triomphale : la foule se presse pour voir le libérateur du royaume. Turenne désire alors se retirer à l'Oratoire, mais en est dissuadé par le roi, qui lui confie le commandement de la campagne de 1675, où il trouve la mort à Salzbach. C'est un deuil national. Louis XIV le fait inhumer dans la nécropole royale de Saint-Denis.

qui fait les frais de la guerre, en cédant à la France la Franche-Comté et douze nouvelles places en Flandre. Ainsi, à l'issue d'une guerre beaucoup plus longue, beaucoup plus difficile et beaucoup plus coûteuse pour le royaume qu'il ne l'avait prévu, Louis XIV n'a pu se venger des Hollandais comme il l'escomptait, mais a réussi, après avoir résisté à une coalition des principales puissances européennes, à agrandir son « pré carré » et à renforcer son image d'arbitre de l'Europe.

L'ESPAGNOL SANS GAND

CHARLES qui dans son Gand se vantoit de pouvoir enfermer tout Paris, seroit surpris de voir que le François l'emporte au bout de son Épée; l'Espagnol a beau faire mine le soin qu'il prend, en pâmé a le chercher est en vain occupé; il ne l'aura jamais si la Paix ne luy rend.

le Flamand l'Espagnol le François

Les gravures de toutes sortes que diffusent les colporteurs jouent un rôle important dans la propagande que Louis XIV et Colbert mettent en place dès le début du règne personnel. Notamment en matière de politique étrangère, comme en témoigne cette estampe de 1678 (ci-contre). Sous le titre ironique *L'Espagnol sans Gand*, elle représente le roi de France qui, le sourire aux lèvres, présente à un Espagnol penaud son épée dans laquelle est enfilé un gant. Elle exprime le mépris de Louis XIV à l'égard de l'Espagne. La guerre de Hollande ne s'est pas déroulée comme il l'avait imaginé, le stathouder Guillaume d'Orange ayant réussi en quelques mois à former contre la France une coalition européenne comprenant notamment l'Espagne. En 1678, Louis XIV décide de porter la guerre aux Pays-Bas méridionaux, possession espagnole. Le 3 mars, il met le siège devant Gand et, le 13, entre dans la ville en vainqueur, obligeant la garnison espagnole à défiler, son gouverneur en tête, devant le front des troupes françaises.

L' installation de la Cour à Versailles, la révocation de l'édit de Nantes, le succès d'une politique extérieure agressive visant à élargir le « pré carré » de la France traduisent dans les années 1680 la volonté du roi d'affirmer, plus que jamais, son autorité sur toute chose. Mais les fruits de cette fermeté, qui avait permis d'atteindre « l'apogée de ce règne et ce comble de gloire et de prospérité » dont parlait Saint-Simon, allaient se révéler fragiles.

CHAPITRE 4

CHOISIR LA FERMETÉ

Les violences envers les protestants qui précèdent la révocation de l'édit de Nantes marquent le point d'orgue de cette fermeté et contribuent à dévaloriser l'image du Roi-Soleil dans l'Europe entière. Page de gauche, Louis XIV en majesté dans le célèbre portrait de Rigaud et, à droite, en ligueur du temps des guerres de Religion selon une caricature protestante.

LOUIS LE GRAND.

L'installation de la Cour à Versailles

Le 6 mai 1682, la Cour, qui a quitté Saint-Germain-en-Laye, commence son installation à Versailles, selon une décision prise et annoncée par Louis XIV cinq ans plus tôt. Cette installation définitive concerne non seulement la Cour proprement dite, mais aussi les principaux organismes de l'État. Elle ne signifie pour autant ni l'achèvement des travaux, qui dureront jusqu'à la fin du règne, ni la fin de courts séjours hors de Versailles, à Fontainebleau notamment.

Dès 1661, le roi avait formé le projet de transformer le modeste pavillon de chasse construit pour son père à Versailles en 1624 et agrandi en 1632, en un somptueux palais digne de lui. À cette fin, il prend à son service les artistes qui ont construit pour Fouquet le château de Vaux-le-Vicomte, l'architecte Louis Le Vau, le peintre et décorateur Charles Le Brun, le jardinier André Le Nôtre. Hormis la constitution d'un immense parc giboyeux et d'un jardin dessiné par Le Nôtre, les premiers remaniements de Le Vau, entre 1661 et 1668, consistent à embellir extérieurement l'édifice, à en modifier l'aménagement intérieur et à édifier des communs de chaque côté d'une avant-cour plus large que la cour elle-même. Puis, aidé de son élève François D'Orbay, Le Vau « enveloppe » le château de Louis XIII, du côté des jardins, de deux vastes pavillons d'ordonnance italo-antique, reliés entre eux par une terrasse à l'italienne.

Jules Hardouin-Mansart (1646-1708 ; ci-dessous), dit Mansart du nom de son grand-oncle François Mansart, devient, en 1675, membre de l'Académie d'architecture. En 1681, Louis XIV le nomme premier architecte du roi. C'est à ce titre qu'il est chargé, outre Versailles, des grands chantiers du règne : la place Vendôme, la place des Victoires et l'église Saint-Louis des Invalides à Paris, ainsi que les châteaux de Marly, de Meudon et de Trianon.

La contribution de Jules Hardouin-Mansart

Après la mort de Le Vau en 1670 et la fin de la guerre de Hollande en 1678, le roi charge Jules Hardouin-Mansart, petit-neveu de François Mansart, d'ajouter au palais de Le Vau deux ailes immenses, au midi et au nord, qui sont édifiées au prix de travaux considérables entre 1678 et 1689. En même temps,

Versailles demeure en travaux durant tout le règne de Louis XIV. Des centaines d'ouvriers spécialisés (tailleurs de pierres, charpentiers, maçons) et des milliers de terrassiers et de manœuvres travaillent sur ce vaste chantier.

sur la terrasse ménagée par Le Vau entre les deux pavillons de l'« enveloppe », est édifiée une grande galerie, qui sera décorée de glaces sur les murs et, au plafond, de peintures de Le Brun chantant la gloire de Louis le Grand à travers l'évocation, sur un mode symbolique, des principaux épisodes du règne depuis 1661. Les immenses perspectives du parc, les bassins aux eaux jaillissantes, les tapis verts et les bosquets de chaque côté du Grand Canal, prolongent le château jusqu'à l'horizon.

La construction des Grandes Écuries (ci-dessus au premier plan) démarre sous le contrôle de Mansart vers 1680. Elles étaient prévues pour abriter 2 500 chevaux et 200 carrosses.

Cette peinture de 1722 montre le château de Versailles tel qu'il était à la mort de Louis XIV. Au premier plan, la place d'Armes, puis, séparée par une grille, l'avant-cour et, au-delà d'une seconde grille qui n'était ouverte qu'aux piétons et aux chaises à porteurs, la cour Royale et la cour de Marbre. Ces cours successives constituent un axe central que prolonge, au-delà du château, la perspective des jardins et du parc. De part et d'autre de l'avant-cour, les ailes des Ministres. Au fond de la cour de Marbre, le château-vieux, au centre, avec au premier étage la chambre du Roi, exactement au cœur de l'ensemble. À droite, la salle du Conseil et à gauche, le salon dit de l'Œil-de-Bœuf, où se pressent les courtisans ayant droit aux « petites » ou aux « grandes » entrées. À droite de la cour Royale se dresse la chapelle, chef-d'œuvre de Hardouin-Mansart. Mais le Versailles de Louis XIV fut d'abord et surtout un grand jardin, un immense théâtre d'eau et de verdure, que le roi aimait faire visiter lui-même et qu'il conçut comme une parabole de l'autorité royale. Pages suivantes : à gauche, vue du bosquet de la Salle des Antiques ; à droite, en haut, le parterre du Nord, et en bas, bordée par l'escalier des cent marches, l'Orangerie.

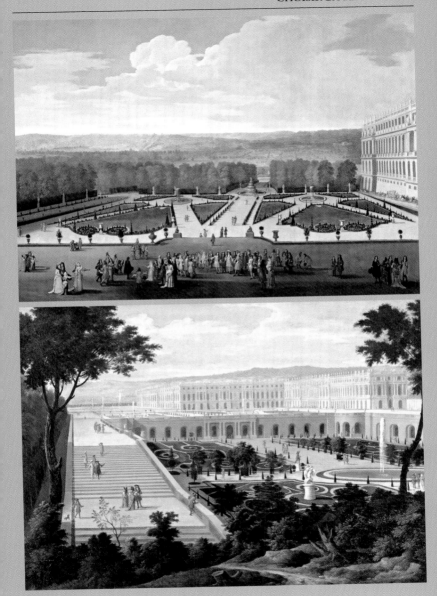

Le coût de cette entreprise gigantesque est considérable, 82 millions de livres de 1661 à 1715, soit 3 % du budget annuel de l'État. Mais il ne peut s'apprécier qu'au regard des bénéfices politiques de l'opération : la mise au pas de la haute noblesse, le développement d'une culture de cour, l'exaltation du pouvoir monarchique, le modèle inégalé ainsi offert à tous les souverains européens. Beaucoup plus que les éphémères victoires militaires, Versailles dit à toute l'Europe la puissance et la gloire du Roi-Soleil.

Famille légitime et illégitime

C'est dans ce cadre prestigieux que se déroule la vie de cour selon un cérémonial ordonné autour de la personne du roi et de la famille royale. Louis XIV a

Ci-dessous, le Grand Dauphin et sa femme, née Marie-Anne-Christine de Wittelsbach, fille de l'Électeur de Bavière, en 1687, avec leurs trois jeunes fils.

quarante-cinq ans en 1683. C'est un homme quelque peu alourdi, l'âge venant, mais d'une majesté intimidante et d'une robuste santé, en dépit de ses médecins. De son mariage avec la reine Marie-Thérèse, il ne lui reste qu'un fils né en 1661, Louis, dit le Grand Dauphin ou Monseigneur. Celui-ci a trois fils, nés entre 1682 et 1686, Louis, duc de Bourgogne, Philippe, duc d'Anjou, et Charles, duc de Berry, ce qui semble devoir assurer solidement la succession. En outre, le roi a des enfants des deux maîtresses successives qu'il a affichées sans vergogne à la Cour depuis 1661 au mépris de ses devoirs de chrétien que ne cesse de lui rappeler Bossuet : Louise, duchesse de La Vallière et Athénaïs de Rochechouart-Mortemart, marquise de Montespan ; il a notamment deux fils de cette dernière, le duc du Maine et le comte de Toulouse. Il fera « légitimer » ceux-ci et leur fera même conférer par le Parlement en 1714 la qualité de princes du sang. À partir de 1680, Françoise de Maintenon contribue à la disgrâce de « la Montespan ».

Le personnel gouvernemental

La mort de Colbert, en 1683, n'entraîne pas de grands changements dans le personnel gouvernemental. Le roi maintient dans ses fonctions de secrétaire d'État aux Affaires étrangères le frère du ministre défunt, Colbert de Croissy, et admet son fils Seignelay à lui succéder comme secrétaire d'État à la Marine et à la Maison du roi en vertu de la survivance. En 1685, il nomme l'un de ses gendres, le duc de Beauvillier, chef du conseil des Finances.

L'installation définitive à Versailles marque une rupture dans le style de vie de la Cour. En la sédentarisant, Louis XIV a d'autant mieux domestiqué et contrôlé sa noblesse. La Cour accueille 8 000 à 10 000 nobles dans la journée, dont 3 000 sont logés au château. Versailles compte deux cents appartements et le double de chambres, que Louis XIV attribue aux courtisans selon son bon plaisir. La vie de ceux-ci consiste à participer en spectateur respectueux et soumis aux grandes étapes d'une journée du roi, de son lever à son coucher. Une autre partie de la vie de cour se passe en divertissements. On pratique les jeux de cartes et de dés, les jeux d'adresse, comme le billard, auquel le roi jouait volontiers (ci-dessus, à droite). Mais il y a aussi les soupers (à gauche), les bals et les « conversations » (au centre).

Louis XIV sera uni par
le sacrement du mariage
à deux épouses. À l'une,
officiellement, la reine
Marie-Thérèse
(ci-contre), à l'autre
secrètement, Françoise
d'Aubigné, marquise
de Maintenon (page de
gauche), qu'il épouse
quelques semaines
après la mort de la reine
en 1683. Jusqu'à cette
date, le roi ne cesse
d'afficher à la Cour sa
maîtresse du moment :
après ses amours pour
Olympe Mancini, puis
sa sœur Marie, nièces
de Mazarin, dans les
années qui précèdent
1660, il prend en
affection la douce
et aimable Louise
de La Baume Le Blanc,
duchesse de La Vallière,
de 1661 à 1667 (page
suivante, à gauche) ;
puis l'altière Athénaïs
de Rochechouart-
Mortemart, marquise
de Montespan, de 1667
à 1680 (page suivante
à droite), ou encore
Mlle de Fontanges, plus
occasionnellement,
de 1679 à 1680. Son
mariage avec Mme
de Maintenon, bien
que tenu secret, marque
la fin des maîtresses
officielles. Née en 1635,
veuve de l'écrivain Paul
Scarron et précéptrice
des enfants du roi et
de Mme de Montespan
depuis 1674, Mme de
Maintenon, jouera un
rôle politique discret,
mais non négligeable de
1683 à 1715, et tentera
de faire régner à la Cour
une atmosphère de
dévotion inconnue
jusque-là.

Les autres changements gouvernementaux qui interviennent dans les années suivant la mort de Colbert sont dus le plus souvent au décès de certains titulaires, notamment ceux du chancelier Le Tellier, en 1685, et de son fils Louvois en 1691. C'est ainsi que le roi nomme en 1689 contrôleur général des Finances et ministre d'État Louis de Pontchartrain, allié à toutes les grandes familles de robe. Quels que soient ses ministres, qu'il choisit lui-même et sur lesquels il s'appuie, le roi continue à exercer pleinement ses pouvoirs souverains.

La révocation de l'édit de Nantes

Dans ses *Mémoires* pour l'année 1661, écrits vers 1670, Louis XIV évoque « ce grand nombre de mes sujets de la religion prétendue réformée qui était un mal que j'avais toujours regardé et que je regarde encore avec beaucoup de douleur ». Il évoque aussi la conduite qu'il entend observer à leur égard. Les protestants sont 800 000 environ, répartis en quelque 600 communautés ou « églises », situées surtout dans le Midi (Dauphiné, Languedoc), dans l'Ouest (Poitou)

Jusqu'à sa mort brutale en 1691, Louvois (ci-dessus, à droite) reste l'un des plus proches collaborateurs du roi. Au-delà de son rôle de secrétaire d'État à la Guerre qu'il exerce avec énergie depuis 1677, il intervient dans bien d'autres domaines où il a l'oreille du roi, qui apprécie sa compétence malgré son mauvais caractère. Son décès facilite l'ascension des Pontchartrain. Louis Phélypeaux, comte de Pontchartrain, est nommé secrétaire d'État à la Marine et à la Maison du roi en 1690, charge dont il obtient la survivance pour son fils Jérôme (à gauche) en 1693. Les deux hommes joueront un rôle majeur jusqu'en 1715.

et dans quelques grandes villes (Paris, notamment). On les trouve dans tous les milieux, notamment dans la bourgeoisie d'affaires.

Pour le roi, comme pour l'immense majorité de ses sujets catholiques, l'édit de Nantes ne pouvait être qu'un pis-aller provisoire et il convenait donc de tout faire pour hâter le moment où ce texte de circonstance perdrait toute raison d'être par la conversion des derniers irréductibles. En attendant, Louis XIV estime devoir s'en tenir à une application stricte et restrictive de l'édit : tout ce qui n'est pas explicitement autorisé doit être considéré comme interdit. En outre, les évêques sont encouragés à mener une politique active de conversions individuelles, mais celles-ci restent très rares, la conversion de Turenne par Bossuet, abondamment célébrée, faisant figure d'éclatante exception. Quant à la Caisse des conversions, fondée en 1676 par

L'allégorie, en peinture ou en sculpture, est un mode d'expression très prisé au XVIIᵉ siècle, notamment par Louis XIV. Les artistes se réfèrent généralement à l'Antiquité, surtout à la mythologie, ou à des thèmes religieux, comme dans cette peinture de Guy Vernansal, élève de Le Brun, réalisée en 1685 pour célébrer sur le mode allégorique la révocation de l'édit de Nantes (ci-dessous). Le roi, en majesté, est béni par le Ciel, cependant que les protestants irréductibles sont jetés en enfer.

l'académicien Pellisson avec l'appui du roi pour aider financièrement les huguenots convertis, elle ne ramène à l'Église, par ce moyen douteux, que quelques milliers d'individus.

À partir de 1679, plusieurs événements conduisent Louis XIV à durcir sa politique. Au cours de la guerre de Hollande qui vient de s'achever, la France s'est

La violence faite aux protestants pour les pousser à la conversion par l'envoi de « dragons missionnaires » (ci-dessous, caricature montrant un dragon faisant signer de force un hérétique) ne fut

heurtée, entre autres, à la coalition des puissances protestantes, Angleterre, Suède, et surtout Provinces-Unies. Celles-ci apportent en outre aux huguenots français aide et appui, notamment grâce à leurs académies qui, en même temps que Genève, forment de nombreux pasteurs pour le royaume. En 1683, la victoire que remporte Léopold contre les Turcs sous les murs de Vienne, sans l'aide de la France, permet à l'empereur de se poser en défenseur de la chrétienté. Louis XIV, alors en conflit avec la papauté, cherche l'occasion de renforcer son prestige auprès des puissances catholiques en « extirpant » le protestantisme de son royaume.

que rarement dénoncée par les catholiques de l'époque. Parmi les voix qui s'élevèrent figure Vauban, qui en souligna surtout l'inefficacité : « Toutes les rigueurs qu'on a exercées contre eux n'ont fait que les obstiner davantage. »

Le durcissement de l'attitude du roi se traduit, entre 1680 et 1685, par une centaine de déclarations, arrêts, règlements et même édits, de plus en plus coercitifs. À cette violence légale s'ajoute bientôt la violence physique. La pratique des dragonnades est appliquée dès mars 1681 en Poitou, à l'instigation de Louvois, par l'intendant Marillac. Elle consiste à user, à l'encontre des huguenots, du procédé classique du logement des gens de guerre chez les sujets indociles. Marillac loge les dragons de passage chez les huguenots poitevins les plus influents. Sûrs de l'impunité, les « missionnaires bottés » se livrent sans retenue aux pires exactions. Or, dès le 11 avril, une ordonnance royale exempte du logement des gens de guerre les sujets huguenots qui acceptent de se convertir. Au mois d'août, Marillac peut faire état de 38 000 conversions. En 1683, le procédé est appliqué en Languedoc, en Dauphiné, en Béarn, et bientôt des listes faisant état de milliers de conversions affluent à Versailles.

En révoquant l'édit de Nantes – pourtant dit « irrévocable » par son aïeul Henri IV –, par l'édit de Fontainebleau (ci-dessous), Louis XIV réalise enfin un rêve qu'il caressait depuis le début de son règne : l'éradication de la R.P.R.,

L'édit de Fontainebleau

En fait, le roi n'ignore ni dans quelles conditions ces conversions sont obtenues, ni qu'il subsiste encore de nombreux protestants dans le royaume. Il n'en décide pas moins d'en finir, persuadé que, privés de leurs pasteurs, les derniers huguenots seront contraints à l'abjuration. Le 18 octobre 1685, il signe à Fontainebleau l'édit qui porte révocation de l'édit de Nantes : les pasteurs doivent

la « religion prétendue réformée ». En effet, le seul fait que certains de ses sujets puissent pratiquer une religion différente de la sienne lui apparaissait, bien au-delà de toute considération proprement religieuse, comme un affront insupportable à sa toute-puissance.

Rôle Générale de toutes les Colonies Françoises et de tous les françois Refugiez qui sont dans les estats de sa Majesté le Roy de Prusse, Electeur de Brandenbourg comme ils se sont trouvez le 31ᵐᵉ Décembre 1703. sçavoir à

	Personnes
Berlin	611
Cologne	1617
Werder	704
Dorothée stadt	1827
Friderich stadt	930
Buch holtz	78
Panko	6

Le Brandebourg et les terres rhénanes qui en dépendent deviennent, au lendemain de la Révocation, l'un des pays de l'Europe protestante où les huguenots qui refusent la conversion forcée cherchent à se réfugier. En 1703, l'Électeur de Brandebourg, roi de Prusse depuis 1701, fait dresser un « rôle général » des groupes (« colonies ») de Français réfugiés dans ses États (ci-contre).

quitter le royaume sous quinze jours, mais l'émigration est interdite aux réformés, sous peine des galères ; enfin, si la liberté de conscience est en principe maintenue, l'exercice du culte est formellement interdit. L'accueil fait en France à l'édit de Fontainebleau est presque unanimement enthousiaste de la part des catholiques. Pour autant, contrairement à ce qu'escomptait Louis XIV, le problème protestant n'est pas résolu, tant s'en faut. En effet, en dépit des vagues de conversions forcées, les huguenots sont encore nombreux : considérés officiellement comme « nouveaux convertis », ou N.C., ils opposent une résistance passive à l'obligation d'assister aux offices catholiques et s'efforcent de pratiquer clandestinement leur culte. Par ailleurs, quelque 200 000 d'entre eux se décident à l'exil. Ce sont soit des artisans

et des marins, soit de riches bourgeois, manufacturiers ou banquiers, qui avaient prévu et organisé leur départ ; les paysans, attachés à la terre, sont relativement les moins nombreux. Ils partent pour les pays de refuge de l'Europe protestante, Provinces-Unies, Angleterre, Suisse, Brandebourg. Enfin – et ce n'est pas la moindre des conséquences de l'édit –, celui-ci provoque l'indignation de ces puissances européennes et contribue à renforcer leur animosité à l'égard de la France.

La « politique des réunions »

Les années de paix qui vont du premier traité de Nimègue, en 1678, à la reprise de la guerre en 1688, sont des années fastes dans l'histoire du règne de Louis XIV. De bonnes conditions climatiques et

Construit en 1621 à deux lieues à l'est de Paris, le temple de Charenton est le centre du protestantisme parisien, la pratique du culte étant interdite dans la capitale. Cet lieu éminent de vie spirituelle et intellectuelle est démoli dans la semaine qui suit l'édit de Fontainebleau. Cette gravure, réalisée par Sébastien Le Clerc peu après l'événement, (ci-dessous), restitue la ferveur populaire pour l'unité religieuse qui régnait à l'époque.

l'absence de grandes épidémies favorisent l'économie rurale et par contrecoup l'ensemble de l'économie française. La production manufacturière continue à se développer. Dans l'industrie textile, la fabrique des draps et cotonnades du Languedoc ou la soierie lyonnaise connaissent un essor remarquable, grâce notamment à une recherche de la qualité. En revanche, il est vrai que l'industrie toilière bretonne est victime de la fermeture du marché anglais, son principal client, par représailles contre le protectionnisme douanier de Colbert. En dépit de la disparition de la plupart des grandes compagnies de négoce, le commerce extérieur français retrouve toute sa vigueur après les années difficiles de la guerre de Hollande. Le tonnage de la flotte marchande ne cesse de croître. À côté du commerce avec les pays européens et le Levant, le grand commerce colonial connaît un développement décisif : c'est dans les années 1680 que se mettent en place les bases de l'économie antillaise.

Louis XIV, pourtant conscient des bienfaits de la paix, mais persuadé de ne rencontrer aucune opposition sérieuse en Europe, se lance à l'extérieur

Dans l'*Almanach royal* de 1680, les nations européennes célèbrent le retour de la paix grâce aux traités de Nimègue.

dans une politique agressive, dans le seul souci de sa gloire qu'il identifie à la grandeur de la France. La politique dite des « réunions », qu'il va mener, consiste à réclamer toutes les terres ayant, à un moment quelconque, relevé des territoires cédés à la France « avec leurs dépendances » par les traités de 1648 et de 1678. C'est le cas du comté de Montbéliard, « réuni à la Couronne » et occupé en 1680. Bien plus, en septembre 1681, sans même s'embarrasser de prétextes juridiques, le roi envoie Louvois et 30 000 hommes occuper la ville libre impériale de Strasbourg qui, pendant la guerre de Hollande, avait ouvert à plusieurs reprises le pont de Kehl aux impériaux. L'annexion est bien acceptée par les Strasbourgeois, dans la mesure où Louis XIV a l'habileté de garantir aux habitants, en majorité luthériens, leurs « privilèges, droits, statuts et coutumes » et la liberté du culte.

Le duché de Luxembourg, qui fait partie des Pays-Bas espagnols, est revendiqué par Louis XIV dans le cadre de la « politique des réunions ». La ville de Luxembourg est bombardée en décembre 1683 et, au printemps de 1684, assiégée par une armée française commandée par le maréchal de Créqui, assisté de Vauban. Le 4 avril 1684 la cité se rend (ci-dessus). La trêve de Ratisbonne confirmera cette annexion pour vingt ans.

Une paix de plus en plus fragile

Ces diverses annexions en pleine paix suscitent bientôt inquiétudes et protestations en Europe. L'empereur, accaparé par l'offensive ottomane, n'a pas la possibilité de réagir. L'Espagne, elle, déclare la guerre à la France en octobre 1683, mais incapable de lutter seule, signe avec Louis XIV en septembre 1684 une trêve de vingt ans à laquelle s'associe l'empereur : la trêve de Ratisbonne.

Au faîte de sa puissance, le roi de France, loin de faire preuve de la modération qui aurait peut-être permis de transformer cette trêve en paix durable, multiplie les provocations, comme le bombardement de Gênes, coupable à ses yeux d'avoir prêté ses galères à l'Espagne lors de la guerre de Hollande, ou la revendication, en mars 1685, d'une partie du Palatinat au nom de sa belle-sœur, dite la princesse Palatine, sœur de l'Électeur défunt. À cela s'ajoute l'indignation provoquée dans les États protestants par la révocation de l'édit de Nantes en octobre 1685. En réaction, le 9 juillet 1686, l'empereur Léopold forme avec plusieurs princes allemands la ligue d'Augsbourg, pour le strict maintien des traités de Nimègue et de Ratisbonne. Les rois d'Espagne et de Suède se joignent à la ligue pour défendre leurs terres allemandes.

C'est dans ce contexte que Louis XIV poursuit ses provocations. En 1687, Innocent XI ayant voulu supprimer les franchises dont jouit à Rome le quartier des ambassades, le roi donne l'ordre à son ambassadeur de s'y opposer, ce qui entraîne une rupture brutale avec le pape. En juin 1688, à la mort de l'archevêque-Électeur de Cologne, deux compétiteurs sont sur les

Louis XIV, non content de faire bombarder Gênes en pleine paix, exige, en mai 1684, que le doge vienne présenter en personne les excuses de la République. Cette audience humiliante a lieu le 15 mai 1685 dans la galerie des Glaces, à Versailles (ci-dessus), en présence de toute la Cour. Le roi est entouré du Grand Dauphin et du petit duc de Bourgogne.

rangs, l'un soutenu par le roi de France, l'autre par l'empereur. Le pape ayant tranché en faveur de ce dernier en septembre, Louis XIV furieux riposte en s'emparant d'Avignon, en installant par la force son candidat à Cologne, en faisant occuper l'évêché de Liège et en commençant en octobre l'invasion du Palatinat. Conformément à l'accord qui les lie, les membres de la ligue d'Augsbourg rompent immédiatement avec la France. Le 26 novembre 1688,

Élisabeth-Charlotte de Bavière, fille de l'Électeur palatin, est mariée en 1671 à Philippe d'Orléans, frère du roi et veuf d'Henriette d'Angleterre. Elle a été élevée dans une petite cour princière sans étiquette et détonne dans le

Louis XIV répond aux protestations des Provinces-Unies par une déclaration de guerre. Quelques jours plus tôt, leur stathouder Guillaume d'Orange, gendre du roi d'Angleterre Jacques II, est arrivé à Londres à l'appel des Anglais révoltés contre leur souverain. Jacques II s'enfuit en France et, en février 1689, Guillaume et sa femme Marie Stuart II sont proclamés roi et reine d'Angleterre. Guillaume réalise ainsi en sa personne l'union des deux grandes puissances maritimes contre la France, complétant la coalition d'Augsbourg. Une nouvelle guerre européenne commence.

milieu raffiné de la cour de France. Mais Louis XIV la tient en amitié. Avec l'âge, celle que l'on a surnommée Madame Palatine, vit recluse dans ses appartements, où elle rédige une correspondance pléthorique dans laquelle elle témoigne, sans complaisance, de la vie à la Cour.

En août 1715, Louis XIV, agonisant, appelle le dauphin, son arrière-petit-fils et lui dit : « Mon enfant, ne m'imitez pas dans le goût que j'ai eu pour les bâtiments, ni dans celui que j'ai eu pour la guerre […]. Tâchez de soulager vos peuples, ce que je suis assez malheureux pour n'avoir pu faire. » Regrets tardifs après les vingt-cinq dernières années du règne qui ne furent que guerres incessantes et misère.

CHAPITRE 5

TROP AIMER LA GUERRE

La signature des traités d'Utrecht (ci-contre, celui du 11 avril 1713 signé entre la France et la Grande-Bretagne), et l'année suivante, celle du traité de Radstadt, mirent fin au dernier grand conflit du règne du roi de Guerre (page de gauche, Louis XIV en grande tenue de guerre vers 1700).

La guerre de la Ligue d'Augsbourg

La nouvelle guerre qui oppose la France à une coalition européenne constituée autour de la ligue d'Augsbourg commence dès octobre1688. En prenant brusquement l'offensive sur le Rhin à cette date, Louis XIV espère devancer les coalisés. En fait, la dévastation systématique du Palatinat au printemps 1689, préconisée par Louvois, n'a pas de justification stratégique et provoque une indignation profonde et durable dans toute l'Allemagne.

Plus que le conflit précédent, cette guerre a une importante dimension maritime, dans la mesure où Louis XIV entend soutenir le roi Jacques II, réfugié en France, qui veut reconquérir son trône. Après une brillante victoire sur la flotte anglo-hollandaise au large du cap de Beachy Head (ou Béveziers) en juillet 1690, l'escadre de Tourville subit de lourdes pertes à la Hougue, en mai 1692, ce qui incite le roi à se rallier au point de vue de Vauban et de Pontchartrain, qui préconisent de donner la priorité à la guerre de course sur la guerre d'escadre, trop coûteuse : munis de lettres de course délivrées par le roi, les marins de Dunkerque (Jean Bart) et de Saint-Malo (Duguay-Trouin) arraisonnent avec profit les bateaux marchands anglais et hollandais.

Sur le continent, une guerre longue et indécise est menée, aux Pays-Bas avec les victoires du maréchal de Luxembourg à Fleurus (1690) et à Neerwinden (1693), en Italie avec l'occupation d'une partie de la Savoie, en Espagne avec l'invasion de la Catalogne.

Les traités de Ryswick

Des pourparlers, plus ou moins secrets, ont été engagés entre les belligérants, épuisés financièrement par leurs efforts de guerre dès 1692. Ils aboutissent en septembre-octobre 1697 à deux traités de paix signés à Ryswick, près de La Haye. Louis XIV accepte de reconnaître Guillaume d'Orange comme roi d'Angleterre et de restituer tous les territoires annexés depuis 1678, sauf Strasbourg. La paix de Ryswick marque donc pour

ORDO
POUR LA
AVEC L'A

Rachetée aux Anglais en 1662, Dunkerque (ci-dessous) est fortifiée par Vauban. Ce grand port militaire devient un des ports d'attache de corsaires qui portent des coups très rudes au commerce anglais.

ANCE DU ROY,
CATION DE LA PAIX
TERRE ET LA HOLLANDE

la France un important recul que Louis XIV, converti
à la modération, a accepté sans avoir été vraiment
vaincu. Certes, il conserve Strasbourg, et le prestige
de ses armées reste intact. Mais le temps de la
magnificence et de l'hégémonie françaises semble
bien révolu; celui de l'équilibre commence dans une
Europe où le souci majeur est désormais l'ouverture
imminente de la succession d'Espagne.

En juillet-août 1694,
les Anglo-Hollandais
bombardent les
côtes françaises, et,
le 11 août, pilonnent
Dunkerque, port
d'attache du corsaire
Jean Bart dont leurs
flottes subissent les
attaques incessantes.
En 1713, à Utrecht,
les Anglais imposeront
à la France le
démantèlement
des fortifications et
le comblement du port.

En juin 1690, au début de la guerre de la Ligue d'Augsbourg, les troupes des coalisés, sous le commandement du prince de Waldeck, préparent une offensive générale à partir des Pays-Bas espagnols en direction de Paris. Le maréchal de Luxembourg, chargé de les arrêter, se porte à leur contact entre la Sambre et la Meuse. Les deux armées comptent chacune quelque 40 000 hommes. Le 1er juillet, à proximité de la petite ville de Fleurus (ci-contre), face aux troupes de Waldeck disposées sur trois lignes parallèles, Luxembourg trompe l'ennemi par un mouvement tournant de son aile droite, le forçant à battre en retraite, après une résistance acharnée. Les troupes françaises laissent 2 000 morts sur le champ de bataille, les coalisés, 5 000, et 9 000 prisonniers. En outre, les Français s'emparent d'un gros butin et de 150 drapeaux et étendards qui, rapportés et exposés à Paris, vaudront à Luxembourg le surnom de « tapissier de Notre-Dame ». En fait, cette belle victoire n'est pas exploitée par les vainqueurs comme elle aurait pu l'être. Il en sera de même des deux victoires suivantes remportées par Luxembourg aux Pays-Bas, à Steinkerque en 1692 et à Neerwinden en 1693.

Le testament et la mort du roi d'Espagne

Le problème de la Succession se pose depuis des années, puisque le roi Charles II n'a pas d'enfants et que sa santé ne cesse de se dégrader. Louis XIV est désormais conscient que la solution ne peut être qu'un partage de l'héritage espagnol accepté par l'Europe, notamment par l'Angleterre et les

Provinces-Unies, tout particulièrement soucieuses de l'équilibre européen et intéressées au sort des Pays-Bas et des colonies américaines. Mais ni l'empereur, ni le roi d'Espagne n'acceptent cette idée d'un partage, le premier parce qu'il veut tout pour son deuxième fils, l'archiduc Charles, le second parce qu'il veut maintenir à tout prix l'intégrité de son

héritage. Tiraillé longtemps entre des influences contradictoires, Charles II se décide enfin, non pour le Habsbourg, mais pour le Bourbon, comptant sur la supériorité française dans la perspective vraisemblable d'un conflit général. Par son testament du 2 octobre 1700, il interdit tout partage de l'héritage espagnol et désigne comme son successeur Philippe, duc d'Anjou, deuxième fils du dauphin, à condition qu'il renonce à ses droits à la couronne de France. « Moribond depuis sa naissance », le roi d'Espagne meurt quelques semaines plus tard, le 1er novembre, à l'âge de trente-huit ans.

Le 9 novembre, Louis XIV, alors à Fontainebleau avec la Cour, apprend à la fois la teneur du testament et la mort du roi d'Espagne. Après avoir longuement consulté et réfléchi, il annonce publiquement le 16 du même mois sa décision

Après avoir été stathouder des Provinces-Unies en 1672, Guillaume d'Orange (1650-1702 ; à gauche), devient roi d'Angleterre, d'Écosse et d'Irlande sous le nom de Guillaume III en 1689, conjointement avec sa femme Marie Stuart II, dont le père, Jacques II, a été évincé. De 1672 jusqu'à sa mort brutale en 1702, il sera, face aux prétentions de Louis XIV, le champion du protestantisme et de l'équilibre européen.

Vovée de dame Amb

LE ROY DÉCLA

d'accepter le testament, espérant que les puissances européennes prendront, bon gré, mal gré, leur parti de la situation. Dans les mois qui suivent, ce calcul semble se vérifier, puisque presque tous les États, à l'exception de l'empereur, reconnaissent comme roi d'Espagne le duc d'Anjou, devenu Philippe V.

Mais plusieurs mesures maladroites prises par la France retournent bientôt la situation, comme le maintien des droits de Philippe V à la couronne de France ou la mainmise française sur le commerce de l'Espagne et des colonies espagnoles. Guillaume III, ennemi irréductible de Louis XIV, réussit à former contre lui, en septembre 1701, la Grande Alliance de La Haye, où entrent l'Angleterre, les Provinces-Unies, l'empereur et la plupart des princes allemands.

Cette gravure de l'*Almanach royal* de 1701 reconstitue l'annonce par Louis XIV le 16 novembre 1700 de son acceptation du testament de Charles II. En sortant de son cabinet, où l'avaient rejoint le duc d'Anjou et l'ambassadeur d'Espagne, il dit aux courtisans : « Messieurs, voici le roi d'Espagne » (à sa droite). Puis il déclare à son petit-fils : « Soyez bon Espagnol, c'est votre premier devoir ; mais souvenez-vous que vous êtes né Français. »

La guerre de la Succession d'Espagne

Le conflit armé qui commence sera non seulement le plus long du règne, puisqu'il durera treize ans, mais aussi le plus difficile dans la mesure où la France n'a pas seulement à défendre ses propres frontières, mais encore les territoires dispersées de la monarchie espagnole. Ainsi, la guerre a pour théâtre l'est et le nord de la France, les Pays-Bas, l'Espagne, l'Italie, l'Allemagne, les mers et le Nouveau Monde. Après quelques succès éphémères en 1703, les Franco-Espagnols connaissent une série de revers, notamment en 1705 avec l'occupation de la Catalogne par les Anglais et la proclamation de l'archiduc Charles comme roi d'Espagne sous le nom de Charles III. En 1708, Lille tombe aux mains des Anglo-Hollandais commandés par Marlborough et le Prince Eugène. En mai 1709, Louis XIV ouvre des négociations à La Haye, mais décide de les rompre devant les exigences exorbitantes affichées par ses adversaires.

En avril 1711, la mort de l'empereur Joseph Ier, sans héritier mâle, marque un tournant décisif en modifiant complètement les données du problème. En effet, son frère l'archiduc Charles – Charles III d'Espagne pour les coalisés – lui succède comme souverain des possessions autrichiennes et bientôt comme empereur, reconstituant ainsi l'« Empire » de Charles Quint. Cette situation est inadmissible pour la plupart des puissances européennes, l'Angleterre notamment, qui signe avec la France des préliminaires de paix en novembre 1711. Le 24 juillet 1712, le maréchal de Villars à la tête des dernières troupes françaises disponibles, arrête

Le maréchal de Villars (1653-1734 ; ci-dessus), réputé pour sa bravoure et sa rapidité, est l'un des meilleurs généraux de la seconde partie du règne. Après s'être distingué aux batailles de Friedlingen (1702) et Höchstädt (1703), il est envoyé à la tête de 20 000 hommes dans les Cévennes pour mater la révolte des « camisards ». Ces paysans protestants se sont soulevés au nom de leur foi, avec la complicité de la population locale, et tiennent en échec les troupes royales depuis 1702. Villars viendra à bout de cette révolte en 1704 après avoir semé la division parmi ses chefs.

à Denain le Prince Eugène en marche vers Paris.
Cette victoire décisive de la dernière chance
va permettre à la France d'obtenir la paix dans
des conditions inespérées quelques années plus tôt.

Les années de misère

Les vingt années qui vont de 1690 à 1710 sont
marquées par une grave détérioration de la situation
financière et économique du royaume, entraînant
détresse et misère pour la grande majorité des
Français. Telles sont les dramatiques conséquences
de l'interminable guerre menée contre une partie
de l'Europe, mais également d'une conjoncture
météorologique particulièrement défavorable.

C'est à l'issue de la
bataille de Malplaquet,
près de Maubeuge,
le 11 septembre 1709
(ci-dessus), que les
troupes françaises
commandées par
Villars arrêtent
les troupes impériales
et anglo-hollandaises
commandées par le
Prince Eugène (Eugène
de Savoie-Carignan,
passé au service de
l'Autriche quelques
années auparavant) et
le duc de Marlborough.

La crise de 1693 et le «grand hiver» de 1709

En dehors de crises localisées, la conjoncture météorologique provoque deux crises de subsistances majeures, en 1693-1694 et en 1709-1710. La gravité de la première de ces crises s'explique par la succession de deux étés exceptionnellement frais et humides, entraînant deux récoltes de céréales catastrophiques. En 1709, le « grand hiver » qui débute lors de la nuit des Rois, le 6 janvier, et connaît jusqu'à la mi-mars

En 1693, pour réduire les effets de la famine dans la capitale, le roi fait procéder à des distributions de pain au Louvre, qui, en dépit des précautions prises, tournent le plus souvent à l'émeute (ci-dessous).

Distribution du Pain du Roy au Louvre

des températures de l'ordre de –15 °C, anéantit les promesses de récoltes. Dans les deux cas, le processus est le même : la raréfaction des grains sur les marchés, puis leur disparition provoquent une hausse brutale de leur prix, telle que les plus pauvres d'abord, et bientôt la majeure partie de la population sont condamnés à la disette, puis à la famine. Les conséquences démographiques sont d'autant plus graves que souvent cette famine se double ou provoque de redoutables épidémies. En quelques mois, les décès triplent, quadruplent, voire davantage, cependant que mariages et conceptions diminuent brutalement. Heureusement, cette forte mortalité est compensée par la prompte reprise de la nuptialité et de la fécondité au lendemain de la crise, si bien qu'au total la population de la France en 1715 n'est que de très peu inférieure à ce qu'elle était en 1680, de l'ordre de 22 millions d'habitants. Mais ce qu'un tel constat ne peut faire oublier, c'est le traumatisme qu'engendrent de telles crises, l'affreuse détresse des hommes et des femmes confrontés à cette situation, les familles décimées et brisées, les morts trop nombreux laissés sans sépulture, la vie de tous les jours profondément bouleversée.

François de Salignac de La Mothe-Fénelon (1651-1715 ; ci-dessus), ordonné prêtre en 1675, devient précepteur du duc de Bourgogne en 1689, puis archevêque de Cambrai en 1695. Il fut l'une des rares figures de son temps à avoir osé critiquer le mode de gouvernement de Louis XIV. En 1693, il rédige une lettre au roi dénonçant le choix de la guerre. Six ans plus tard, en 1699, il réitère avec les *Aventures de Télémaque*, critique à peine voilée contre l'autoritarisme du roi, sa politique étrangère agressive et belliqueuse et son mercantilisme. Louis XIV y vit une satire de son règne. Il fit saisir l'ouvrage et disgracia son auteur, qui se retira à Cambrai.

L'accroissement de la dette publique et du fardeau fiscal

Cette misère, exceptionnelle, s'ajoute à celle, quotidienne, que provoque l'état de guerre. Celui-ci impose d'abord à l'État un énorme effort financier, pour l'entretien des armées notamment, qui se traduit par une aggravation de la dette publique. Pour y faire face, les contrôleurs généraux des Finances successifs cherchent à augmenter le rendement de l'impôt. Des réformateurs, comme Vauban dans son *Projet d'une dîme royale* (1707), dénoncent l'injustice du système fiscal qui fait peser le poids de l'impôt sur les plus pauvres et préconisent un impôt direct et universel se substituant à la taille. En créant en 1695 la capitation pour la durée de la guerre, Pontchartrain reprend certaines de ces idées. L'impôt nouveau veut être un impôt général payé par tous les Français, y compris les privilégiés. Abolie en 1698, la capitation est rétablie dès la reprise de la guerre en 1701. En octobre 1710, au moment le plus dramatique du conflit, Louis XIV se résout à créer le dixième, impôt pesant sur tous les revenus et égal au dixième de ceux-ci. Mais très vite, le clergé est autorisé à s'en acquitter forfaitairement, ainsi que d'autres catégories sociales.

Au total, capitation et dixième survivent au rétablissement de la paix et loin de se substituer à la taille, s'ajoutent à elle et sont perçus en même temps ; universels et égalitaires dans le principe, ils ne le sont nullement en réalité, du fait des exemptions et rachats. Impôts anciens et nouveaux et expédients divers – emprunts forcés, créations d'offices et mutations monétaires –, ne réussissent pas à empêcher l'augmentation accélérée du déficit : en 1715, la situation financière est catastrophique et l'État au bord de la banqueroute.

Un bilan économique contrasté

L'activité économique souffre, elle aussi, de l'état de guerre qui entrave le commerce extérieur et accroît le prélèvement fiscal, cependant que les deux crises de subsistances provoquant surmortalité et misère ébranlent profondément les activités, à la campagne comme en ville, et les échanges intérieurs. Toutefois, la plasticité de l'économie d'Ancien Régime, encore essentiellement agricole, permet de surmonter assez vite ces crises cycliques, même les plus graves.

De plus, si certains secteurs industriels, comme les industries de luxe, sont victimes d'un marasme durable, d'autres connaissent une réelle prospérité.

À la fin du règne, l'énorme dette contractée par l'État oblige ce dernier à recourir à différents expédients, en l'absence d'une banque d'État (comme la *Bank of England* créée à Londres en 1694) : dévaluations de la livre tournois, émissions de billets de monnaie, création d'une Caisse des emprunts, mais surtout appels à de puissants financiers, tel Samuel Bernard, calviniste converti, qui empruntent pour le roi auprès des banques protestantes de Genève. Ci-dessus, caricature de l'époque ironisant sur la gestion financière du Roi-Soleil.

Certains ports atlantiques, notamment Saint-Malo, réussissent à s'adapter aux conditions nouvelles nées du conflit en tirant de la course contre les bateaux anglais et hollandais des profits substantiels. L'accession de Philippe V au trône de Madrid, en 1700, se traduit, pour un temps, par l'ouverture des colonies espagnoles au commerce français, qui sait en tirer parti en prenant pied dans la « mer du Sud ». Malgré la guerre et la menace constante des corsaires anglais et hollandais, le commerce atlantique vers les Antilles reste prospère. Nantes expédie aux Îles, en moyenne, 145 navires par an, de 1704 à 1712, soit en droiture, soit en trafic triangulaire. Les retours de sucre brut permettent le développement des raffineries de La Rochelle, Bordeaux, Nantes. Au total, l'économie française, et notamment le grand commerce maritime, souffre moins qu'on pourrait le penser. Ces années de misère ne le sont pas pour tout le monde. Elles voient même le début éclatant de la prospérité des grands ports français, avec la création de nouveaux trafics et l'élargissement des horizons.

Bordeaux est, comme Nantes, un grand port d'estuaire dont la croissance, dans la seconde moitié du XVIIe siècle, prépare la prospérité du siècle suivant (ci-dessus). Outre l'exportation des produits de l'arrière-pays, notamment les vins, et le commerce avec l'Europe, Bordeaux développe ses relations avec les Îles : le trafic antillais passe de 4 navires en 1665 à 49 en 1685, cependant que débute la traite négrière. Grand port, mais aussi siège d'un parlement, d'une intendance, d'un archevêché, Bordeaux est, avec ses quelque 45 000 habitants, l'une des plus grandes villes du royaume.

« Le roi lassé de la foule et du beau se persuada qu'il voulait parfois du petit et de la solitude », écrit Saint-Simon. Avec l'âge, Louis XIV, qui aime de moins en moins la vie de représentation, se rend de plus en plus souvent à Marly, un lieu à la fois écarté et proche de Versailles où il peut échapper aux contraintes du rituel de cour et vivre quelques jours dans un entourage de son choix. Le château de Marly a été construit par Mansart à deux lieues au nord de Versailles, entre 1679 et 1686. Dissimulé dans la verdure, il comprend un pavillon central à deux étages, dit pavillon du Soleil, encadré de parterres de gazon et de bosquets et prolongé par un vaste plan d'eau de chaque côté duquel sont alignés six petits pavillons reliés entre eux par des treilles. Le pavillon central inclut au rez-de-chaussée quatre appartements, pour le roi, Monseigneur, Monsieur et Madame. Les courtisans invités sont répartis dans les douze pavillons, satellites du pavillon du Soleil, tels les signes du zodiaque ou les mois de l'année. Être invité à Marly, où le cérémonial est très allégé et les distractions sont simples et nombreuses, est une grâce fort recherchée.

Les dernières années

La victoire française de Denain, en juillet 1712, hâte le règlement du conflit européen ouvert en 1701, dans la mesure où les Provinces-Unies se résignent à leur tour à suspendre les hostilités. Seul l'empereur Charles VI décide de continuer la guerre. Le 11 avril 1713, la France signe à Utrecht une série de traités avec les divers belligérants. Enfin, après deux succès militaires remportés par Villars, l'empereur est contraint de signer la paix à Rastadt le 6 mars 1714. Aux termes de ces divers traités, Philippe V est reconnu par tous, sauf l'empereur, comme le légitime successeur de Charles II, sous réserve de renoncer à tous ses droits à la couronne de France. Il conserve l'Espagne et ses colonies, mais cède à l'empereur les Pays-Bas, le Milanais, le royaume de Naples et la Sardaigne. Le duc de Savoie reçoit le titre de roi et la Sicile (qu'il échangera ultérieurement contre la Sardaigne); l'Électeur de Brandebourg est reconnu comme roi de Prusse. L'Angleterre se fait concéder par l'Espagne d'importants privilèges commerciaux dans les colonies espagnoles, notamment l'asiento (monopole de la traite des esclaves), et reçoit en outre Minorque et Gibraltar, clés de la Méditerranée. De son côté, la France lui abandonne Terre-Neuve, l'Acadie et la baie d'Hudson et s'engage à détruire les installations portuaires de Dunkerque.

Le traité d'Utrecht confirme Philippe V (ci-dessus) dans ses droits, tout en le contraignant à renoncer solennellement pour lui et ses descendants, à la couronne de France.

Le nouvel équilibre européen

Ces diverses clauses montrent que, si la victoire de la Grande Alliance de La Haye n'est pas totale puisqu'un Bourbon règne à Madrid, elle n'en est pas moins incontestable : la séparation des deux couronnes de France et d'Espagne est reconnue par tous, la monarchie espagnole est démembrée, la France de Louis XIV est ramenée à

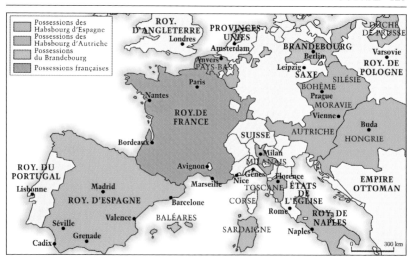

ses frontières de 1697. L'Angleterre est la principale bénéficiaire de ce nouvel équilibre européen : elle devient en 1714 une puissance de premier plan dont la grandeur est avant tout maritime et coloniale. Quant à la France, elle est agrandie de Lille, Strasbourg et Besançon et a des frontières beaucoup moins vulnérables qu'un demi-siècle plus tôt. Elle a en outre réussi à briser pour de bon le vieil encerclement des Habsbourg en plaçant un Bourbon sur le trône de Madrid. Mais épuisée par une interminable lutte de vingt-cinq ans, elle doit renoncer aux rêves de Louis XIV de domination par les armes. Il est vrai que le prestige de sa langue (reconnue à Rastadt en tant que langue diplomatique se substituant au latin), de ses écrivains et de ses artistes continue à lui assurer dans le domaine de l'esprit une supériorité incontestée.

La carte de l'Europe en 1715 traduit un changement territorial important par rapport à 1660, à savoir l'annexion, par les Habsbourg de Vienne, des possessions espagnoles en Europe, Pays-Bas, Milanais, Naples, Sardaigne. Mais, au-delà de la carte, les grands changements sont politiques : l'arrivée d'un Bourbon sur le trône de Madrid et la montée en puissance de l'Angleterre.

Les représentants du Saint-Empire et du royaume de France, signent la paix de Baden le 7 septembre 1714 (ci-contre) qui complète le traité de Rastadt conclu le 6 mars précédent par le Prince Eugène et le maréchal de Villars.

La famille royale décimée

Le retour à la paix marque pour les Français la fin des épreuves. Mais dans le même temps, le vieux roi se trouve face à une situation aussi tragique qu'inattendue du fait de la série de décès qui frappe la famille royale. Le 14 avril 1711, Monseigneur, le Grand Dauphin, meurt dans son château de Meudon, enlevé en quelques jours par la variole. Moins d'un an plus tard, la mort frappe à nouveau : victimes d'une « rougeole pourprée », la duchesse de Bourgogne décède le 12 février 1712, le duc de Bourgogne, dauphin depuis l'année précédente, le 18, et l'aîné de leurs deux fils, dauphin quelques jours, le 8 mars.

La situation créée par la mort de trois dauphins en moins d'un an est d'autant plus grave que le duc d'Anjou, second fils de Monseigneur, est roi d'Espagne depuis 1700 et que sa renonciation à ses droits à la couronne de France a été un préalable aux négociations ouvertes à Utrecht en janvier 1712. La succession à la couronne repose donc désormais sur le nouveau dauphin, le petit duc d'Anjou, âgé de deux ans, et s'il disparaissait prématurément, sur le duc de Berry, dernier des trois fils de Monseigneur. Or, la sinistre danse macabre continue : le 4 mai 1714, le duc de Berry meurt à vingt-sept ans, sans héritier. L'avenir de la dynastie est donc dans les mains du petit dauphin Louis, âgé de quatre ans.

La mort du roi

Le 9 août 1715, le roi apparaît à tous très fatigué. Il a soixante-seize ans et a joui jusque-là d'une solide santé, résistant à toutes les initiatives des médicastres qui l'entouraient. Le lendemain, il se plaint de douleurs à la jambe gauche, mais ses médecins, Fagon

À la fin de sa vie, c'est dans une chaise roulante construite spécialement pour lui, que Louis XIV, podagre, se promène dans les jardins de Versailles (ci-dessus, en 1713, avec un cortège de courtisans devant le bassin d'Apollon à Versailles). Le roi les avait tant aimés qu'il ne manquait pas une occasion de les faire visiter lui-même à ses hôtes de marque. À cet effet, il dicta en 1689 une *Manière de montrer les jardins de Versailles* et donnera même de ce texte, en 1709, une version écrite de sa main. Page suivante, portrait en cire de Louis XIV, réalisé cinq ans avant sa mort par Antoine Benoist.

en tête, ne diagnostiquent pas la gangrène. Le 13, il donne audience, en grand apparat à l'ambassadeur de Perse, se montrant pour la dernière fois devant la Cour. Les jours suivants, la gangrène progresse rapidement. Le 25, il se confesse et reçoit l'extrême-onction. Le 26, de son lit qu'il ne quitte plus, il reçoit le petit dauphin et lui tient ces propos : « Mon enfant, ne m'imitez pas dans le goût que j'ai eu pour les bâtiments, ni dans celui que j'ai eu pour la guerre [...]. Tâchez de soulager vos peuples, ce que je suis assez malheureux pour n'avoir pu faire. » Les jours suivants, il ne songe plus qu'à son salut et s'éteint le 1er septembre au matin.

Quelques jours plus tard, le curé d'une paroisse du Blésois écrit dans son registre : « Louis XIV, roi de France et de Navarre, est mort le 1er septembre dudit an, peu regretté de tout son peuple, à cause des sommes exorbitantes et des impôts si considérables qu'il a levés sur ses sujets. » Cruelle impopularité, mais faut-il parler d'ingratitude quand le roi lui-même reconnaissait sur son lit de mort avoir échoué à soulager ses peuples, préférant tout au long de son règne la gloire et la guerre, la gloire dont il s'est enivré, la guerre qu'il avoue avoir trop aimée ?

Ce tableau, peint par un anonyme entre 1715 et 1720, représente les héritiers de Louis XIV vers 1710, un an avant le tragique retournement opéré par la série de décès intervenus en 1711-1712 parmi sa descendance. Assis dans un fauteuil, celui-ci est entouré de son fils, le Grand Dauphin, appuyé au dossier; du duc de Bretagne, l'aîné de ses arrière-petits-fils à sa droite, et à sa gauche, de son petit-fils, le duc de Bourgogne, père du futur Louis XV. Vêtu d'une robe d'enfant, le duc de Bretagne est accompagné de sa gouvernante, la duchesse de Ventadour.

TÉMOIGNAGES ET DOCUMENTS

Une journée du jeune roi

Marie du Bois, gentilhomme vendômois, a été, de 1654 à 1671, valet de chambre de Louis XIII, puis de Louis XIV, servant par quartier, c'est-à-dire un trimestre par an, généralement d'avril à juin. Il a laissé une sorte de journal dans lequel il a noté ses impressions, parfois jour par jour, notamment lors de ses mois à la Cour. En 1655, il reprend son service, après quelques années d'interruption.

En cette présente année [1655], Pâques fut le 28 mars, et je partis le lendemain pour mon quartier. Le roi était à Paris [au Louvre] et, pour n'avoir que dix-sept ans et quelques mois, je le trouvai si accompli que j'en fus comblé de joie. J'observai tout le changement dès mon premier jour de garde, et je veux mettre ici comment il employait la journée. Sitôt qu'il s'éveillait, il récitait l'office du Saint-Esprit et son chapelet. Cela fait, son précepteur entrait et le faisait étudier, dans la Sainte Écriture ou dans l'histoire de France. Cela fait, il sortait du lit. Il se mettait sur sa chaise percée dans sa même chambre de l'alcôve où il couchait ; il y demeurait une demi-heure, plus ou moins. Après, il entrait dans sa grande chambre, où d'ordinaire il y avait des princes et des grands seigneurs qui l'attendaient pour être à son lever. Il était en robe de chambre et allait droit à eux, leur parlait si familièrement, les uns après les autres, qu'il les ravissait. Après, il se mettait dans sa chaise et se lavait les mains, la bouche et le visage. Après s'être essuyé, il priait Dieu dans sa ruelle de lit, avec ses aumôniers, tout le monde à genoux. La prière finie, il se remettait dans sa chaise : on le peignait et lui donnait un petit habit.

Il passait dans un grand cabinet qui est derrière son antichambre, où il faisait ses exercices : il voltigeait, mais d'une légèreté admirable ; après, il faisait des armes et de la pique. Il repassait dans sa chambre de l'alcôve, où il dansait, et rentrait dans sa grande chambre, où il changeait d'habit et déjeunait. Après il sortait de sa chambre, faisant toujours chaque jour le signe de la croix. Il montait chez M. le cardinal de Mazarin, qui était son premier ministre d'État et qui logeait au-dessus de sa chambre ; et le cardinal se mettait en particulier, où il faisait chaque jour entrer un secrétaire d'État, qui faisait ses rapports, sur lesquels, et d'autres affaires plus secrètes, le roi s'instruisait de ses affaires d'État, le temps d'une heure ou une heure et demie.

Cela fait, le roi descendait et allait donner le bonjour à la reine, et de là s'en allait monter à cheval, jusqu'à ce que la reine vint à la messe, où il assistait. La messe dite, il la reconduisait chez elle avec beaucoup de déférence et de respect. Il remontait dans sa chambre et changeait d'habits, pour aller à la chasse ou pour demeurer sur les lieux. S'il allait à la chasse, c'était un habit

assez ordinaire. Mais s'il demeurait, c'était un habit modeste et un peu mieux, avec peu de cérémonie et nulle afféterie. Il était fort aisé à parer, sa personne étant si merveilleusement faite qu'il ne se peut dire mieux. Habillé, il allait dîner, souvent avec la reine. Si, l'après-dîner il avait quelques audiences d'ambassadeurs, il leur donnait audience si attentivement qu'il ne se pouvait pas davantage. Et, leurs discours finis, il les entretenait, un petit quart d'heure, fort familièrement, de choses qui regardaient l'affection de leurs maîtres ou de leurs pays, des alliances et des amitiés qu'il y avait, des maisons et des royaumes.

Sur la fin de l'après-dîner, le roi va au Cours [-la-Reine], où il se fait voir et parle en passant aux honnêtes gens de condition, soit aux hommes, soit aux femmes. Le Cours fini, il entre au conseil, s'il est jour pour cela. Souvent, il y a comédie de pièce sérieuse. La comédie finie, où tout ce qu'il y a de beau paraît et qui reçoivent tous quelques civilités du roi, Leurs Majestés s'en vont souper. À l'issue duquel le roi danse : les petits violons s'y trouvent, les filles de la reine et quelques autres s'y trouvent aussi. Cela fait, on joue aux petits jeux, comme aux [dans les] romans : l'on s'assied en rond ; l'un commence un sujet de roman et suit jusqu'à ce qu'il soit dans quelque embarras ; cela étant, celui qui est proche prend la parole et suit de même ; ainsi de l'un à l'autre. Minuit étant proche, le roi donne le bonsoir à la reine, et entre dans sa chambre, et prie Dieu, et se déshabille devant tous ceux qui s'y trouvent, et s'entretient avec eux de jolie manière. Après, il donne le bonsoir et se retire dans la chambre de l'alcôve où il se couche.

Moi, Marie du Bois,
gentilhomme vendômois, valet de
chambre de Louis XIV,
présenté par François Lebrun,
Rennes, Éd. Apogée, 1994

« Le métier de roi est grand, noble et délicieux »

À diverses reprises au cours de son règne, Louis XIV a l'occasion d'évoquer sa conception du pouvoir et de l'exercice du « métier de roi ».

« Rendre ma volonté bien absolue »

Au début de son règne personnel, Louis XIV décide d'écrire des Mémoires pour l'instruction du dauphin, *né en 1660. Ces* Mémoires *annuels n'ont pas été rédigés par le roi lui-même, mais dictés et revus par lui en 1670 ou 1671. Il n'en subsiste plus que cinq : 1661 et 1662, 1666 à 1668. À partir des événements de l'année, le roi entend montrer au dauphin comment il a exercé le pouvoir et les leçons qu'il en a tirées. Dans ceux pour l'année 1661, Louis XIV expose en ces termes la manière dont il entend exercer «le métier de roi».*

C'eût été sans doute mal jouir d'une si parfaite tranquillité, qu'on rencontrerait quelquefois à peine en plusieurs siècles, que de ne la pas employer au seul usage qui me la pouvait faire estimer, pendant que mon âge et le plaisir d'être à la tête de mes armées m'auraient fait souhaiter un peu plus d'affaires au dehors. Mais comme la principale espérance de ces réformations était en ma volonté, leur premier fondement était de rendre ma volonté bien absolue par une conduite qui imprimât la soumission et le respect : rendant exactement la justice à qui je la devais ; mais quant aux grâces, les faisant librement et sans contrainte à qui il me plaisait, quand il me plaisait, pourvu que la suite de mes actions fît connaître que, pour ne rendre raison à personne, je ne me gouvernais pas moins par la raison,

et que, dans mon sentiment, se souvenir des services, favoriser et élever le mérite, faire du bien en un mot, ne devait pas seulement être la plus grande occupation, mais le plus grand plaisir d'un prince.

Deux choses sans doute m'étaient absolument nécessaires : un grand travail de ma part, un grand choix de personnes qui pourraient le seconder.

[…] Je m'imposai pour loi de travailler régulièrement deux fois par jour, et deux ou trois heures chaque fois avec diverses personnes, sans compter les heures que je passerais seul en particulier, ni le temps que je pourrais donner extraordinairement aux affaires extraordinaires s'il en survenait, n'y ayant pas un moment où il ne fût permis de m'en parler, pour peu qu'elles fussent pressées.

[…] Je ne puis vous dire quel fruit je recueillis aussitôt après cette résolution. Je me sentis comme élever l'esprit et le courage, je me trouvai tout autre, je découvris en moi ce que je n'y connaissais pas, et je me reprochai avec joie de l'avoir trop longtemps ignoré. Cette première timidité qu'un peu de jugement donne toujours, et qui d'abord me faisait peine, surtout quand il fallait parler quelque temps et en public, se dissipa en moins de rien. Il me sembla alors que j'étais roi, et né pour l'être. J'éprouvai enfin une douceur difficile à exprimer et que vous ne connaîtrez point vous-même qu'en la goûtant comme moi.

[...] Quant aux personnes qui devaient seconder mon travail, je résolus sur toutes choses de ne point prendre de premier ministre ; et si vous m'en croyez, mon fils, et tous vos successeurs après vous, le nom en sera pour jamais aboli en France, rien n'étant plus indigne que de voir d'un côté toutes les fonctions, et de l'autre le seul titre de Roi.

Pour cela, il était nécessaire de partager ma confiance et l'exécution de mes ordres, sans la donner tout entière à pas un, appliquant ces diverses personnes à diverses choses selon leurs divers talents : ce qui est peut-être le premier et le plus grand talent des princes. Je résolus même quelque chose de plus, car afin de mieux réunir en moi seul toute l'autorité du maître [...], je fis dessein, après que j'aurais choisi mes ministres, d'y entrer quelquefois avec chacun d'eux, et quand il s'y attendrait le moins, afin qu'il comprît que j'en pourrais faire autant sur d'autres sujets et à toutes les heures.

[...] Il ne m'est pas aussi aisé de vous dire, mon fils, ce qu'il faut faire pour le choix des divers ministres. La fortune y a toujours, malgré nous, autant ou plus de part que la sagesse ; et dans cette part que la sagesse y peut prendre, le génie y peut beaucoup plus que le conseil [...]

J'aurais pu sans doute jeter les yeux sur des gens de plus haute considération ; mais non pas qui eussent plus de capacité que ces trois [Le Tellier, Fouquet, Lionne] ; et ce petit nombre, comme je vous l'ai déjà dit, me paraissait meilleur qu'un plus grand. Pour vous découvrir toute ma pensée, il n'était pas de mon intérêt de prendre des hommes d'une qualité plus éminente. Il fallait, avant toutes choses, établir ma propre réputation, et faire connaître au public, par le rang même d'où je les prenais, que mon intention n'était pas de partager

mon autorité avec eux. Il m'importait qu'ils ne conçussent pas eux-mêmes de plus hautes espérances que celles qu'il me plairait de leur donner : ce qui est difficile aux gens d'une grande naissance ; et ces précautions m'étaient tellement nécessaires qu'avec cela même le monde fut assez longtemps à me bien connaître.

Louis XIV, *Mémoires pour l'instruction du dauphin*, présentation de P. Goubert, Paris, Éd. Imprimerie Nationale, 1992

« Il faut se garder contre soi-même »

En 1679, Louis XIV reprend à Simon Arnauld de Pomponne la charge de secrétaire d'État aux Étrangers qu'il lui avait confiée huit ans plus tôt – seul exemple d'un tel geste pendant tout le règne. Il reproche à son ministre « faiblesse » et « inapplication ». À cette occasion, il écrit un court texte intitulé Réflexions sur le métier de roi, *dont voici l'essentiel.*

Rien n'est si dangereux que la faiblesse, de quelque nature qu'elle soit. Pour commander aux autres, il faut s'élever au-dessus d'eux ; et après avoir entendu ce qui vient de tous les endroits, on se doit déterminer par le jugement qu'on doit faire sans préoccupation et pensant toujours à ne rien ordonner ni exécuter qui soit indigne de soi, du caractère qu'on porte, ni de la grandeur de l'État.

[...] Il faut se garder contre soi-même, prendre garde à son inclination et être toujours en garde contre son naturel. Le métier de roi est grand, noble et délicieux, quand on se sent digne de bien s'acquitter de toutes les choses auxquelles il engage ; mais il n'est pas exempt de peines, de fatigues, d'inquiétudes. L'incertitude désespère quelquefois ; et quand on a passé un temps raisonnable à examiner une affaire, il faut se déterminer et prendre le parti qu'on croit le meilleur.

[…] Je ne le [Pomponne] connaissais que de réputation et par les commissions dont je l'avais chargé, qu'il avait bien exécutées. Mais l'emploi que je lui ai donné, s'est trouvé trop grand et trop étendu pour lui. J'ai souffert plusieurs années de sa faiblesse, de son opiniâtreté et de son inapplication. Il m'en a coûté des choses considérables, je n'ai pas profité de tous les avantages que je pouvais avoir, et tout cela par complaisance et bonté. Enfin il a fallu que je lui ordonnasse de se retirer parce que tout ce qui passait par lui, perdait de la grandeur et de la force qu'on doit avoir en exécutant les ordres d'un roi de France qui n'est pas malheureux.

Louis XIV, *Mémoires et divers écrits*, texte établi par B. Champigneulles, Paris, Club français du livre, 1960

« Ne préférez pas ceux qui vous flatteront »

Vingt ans plus tard, en décembre 1700, Louis XIV rédige à l'intention de son petit-fils le duc d'Anjou, devenu Philippe V, un court Mémoire donné au roi d'Espagne en partant, *dit aussi* Instructions au duc d'Anjou, *trente-trois recommandations laconiques, échos d'une longue expérience du pouvoir. Le jeune souverain des années 1660 a laissé la place à un roi que l'âge et l'expérience ont assagi.*

1 – Ne manquez à aucun de vos devoirs, surtout envers Dieu.

2 – Conservez-vous dans la pureté de votre éducation.

3 – Faites honorer Dieu partout où vous aurez du pouvoir ; procurez sa gloire ; donnez-en l'exemple : c'est un des plus grands biens que les rois puissent faire.

4 – Déclarez-vous en toute occasion pour la vertu contre le vice.

5 – N'ayez jamais d'attachement pour personne.

6 – Aimez votre femme, vivez bien avec elle, demandez-en une à Dieu qui vous convienne. Je ne crois pas que vous deviez prendre une Autrichienne [une Habsbourg].

7 – Aimez les Espagnols et tous vos sujets attachés à vos couronnes et à votre personne ; ne préférez pas ceux qui vous flatteront le plus ; estimez ceux qui, pour le bien, hasarderont de vous déplaire : ce sont là vos véritables amis.

8 – Faites le bonheur de vos sujets ; et, dans cette vue, n'ayez de guerre que lorsque vous y serez forcé et que vous en aurez bien considéré et bien pesé les raisons dans votre Conseil.

10 – Si vous êtes contraint de faire la guerre, mettez-vous à la tête de vos armées.

15 – Quand vous aurez plus de connaissance, souvenez-vous que c'est à vous à décider ; mais quelque expérience que vous ayez, écoutez toujours tous les avis et tous les raisonnements de votre Conseil, avant que de faire cette décision.

28 – N'oubliez jamais que vous êtes Français […]

30 – Ne paraissez pas choqué des figures [choses] extraordinaires que vous trouverez ; ne vous en moquez point : chaque pays a ses manières particulières, et vous serez bientôt accoutumé à ce qui vous paraîtra d'abord le plus surprenant.

33 – Je finis par un des plus importants avis que je puisse vous donner : ne vous laissez pas gouverner ; soyez le maître ; n'ayez jamais de favoris ni de premier ministre ; écoutez, consultez votre Conseil, mais décidez : Dieu, qui vous a fait roi, vous donnera

les lumières qui vous sont nécessaires tant que vous aurez de bonnes intentions.

Louis XIV,
Mémoires et divers écrits, idem

« Soyez le maître »

Louis XIV restera constamment fidèle aux résolutions qu'il a prises en 1661, et ses ministres sauront qu'à tout moment leur pouvoir ne tient qu'à la confiance que leur témoigne le souverain. Les relations entre Louis XIV et Colbert offrent de nombreux exemples de cette subordination du serviteur à l'égard du maître, en témoignent ces deux lettres adressées les 24 et 26 avril 1671 à son ministre par le roi ; celui-ci est alors chez le prince Condé à Chantilly où il est arrivé le 23 avril.

24 avril 1671 – Je fus assez maître de moi avant-hier pour vous cacher la peine que j'avais d'entendre un homme que j'avais comblé de bienfaits comme vous, me parler de la manière que vous faisiez. J'ai eu beaucoup d'amitié pour vous, il y paraît par ce que j'ai fait. J'en ai encore présentement, et je crois vous en donner une assez grande marque en vous disant que je me suis contraint un seul moment pour vous et que je n'ai pas voulu vous dire moi-même ce que je vous écris pour ne vous pas commettre à me déplaire davantage. C'est la mémoire des services que vous m'avez rendus et mon amitié qui me donnent ce sentiment. Profitez-en et ne hasardez plus de me fâcher encore, car après que j'aurais entendu vos raisons et celles de vos confrères et que j'aurais prononcé sur toutes vos prétentions, je ne veux plus jamais en entendre parler. Voyez si la Marine ne vous convient pas, si vous aimeriez mieux autre chose : parlez librement. Mais après la décision que je donnerai, je ne veux pas une seule réplique. Je vous dis ce que je pense pour que vous travailliez sur un fondement assuré et que vous ne preniez pas de fausses mesures.

26 avril 1671 – Ne croyez pas que mon amitié diminue ; vos services continuant, cela ne se peut, mais il me les faut rendre comme je le désire et croire que je fais tout pour le mieux. La préférence que vous craignez que je donne aux autres ne doit vous faire aucune peine. Je veux seulement ne pas faire d'injustice et travailler au bien de mon service. C'est ce que je ferai quand vous serez tous auprès de moi. Croyez, en attendant, que je ne suis point changé pour vous et que je suis dans les sentiments que vous pouvez désirer.

La Politique de nos rois, textes choisis et commentés par Charles Kunstler, Paris, Fayard, 1942

« Ne m'imitez pas... »

Le 26 août 1715, Louis XIV, qui a reçu la veille les derniers sacrements, fait venir à son chevet le petit Dauphin, futur Louis XV, et lui tient quelques propos, immédiatement recueillis par l'entourage.

Mon enfant, vous allez être un grand roi. Ne m'imitez pas dans le goût que j'ai eu pour les bâtiments, ni dans celui que j'ai eu pour la guerre. Tâchez au contraire d'avoir la paix avec vos voisins. Rendez à Dieu ce que vous lui devez, reconnaissez les obligations que vous lui avez, faites-le honorer par vos sujets. Suivez toujours les bons conseils, tâchez de soulager vos peuples, ce que je suis assez malheureux pour n'avoir pu faire.

Saint-Simon, *Mémoires*, Paris, Gallimard, Pléiade, éd. établie par Yves Coirault, t. V, 1985

Les années terribles

La fin du règne est marquée par la tragique conjonction de la guerre extérieure entraînant une surfiscalité insupportable et de deux crises démographiques d'une exceptionnelle gravité, en 1693 et en 1709.

La plus grande famine du siècle

Au-delà des données chiffrées fournies par l'exploitation des registres paroissiaux de baptêmes, mariages et sépultures – l'état civil ancien –, les témoignages directs sur la misère des années 1693-1694 sont multiples. Ainsi, dans l'«Éloge» qu'il écrit d'une pieuse veuve d'Orléans qui avait consacré sa vie au service des pauvres, un de ses contemporains évoque en ces termes l'année 1693.

En l'année 1693, par un effet de la colère de Dieu justement irrité, la France déjà affaiblie par une longue guerre, fut affligée par la famine la plus grande et la plus universelle dont on ait encore entendu parler. On en sentit principalement les effets dans les provinces situées dans le cœur du royaume. Elle y fut si générale qu'il n'y eut aucune récolte de blé, de vin et de légumes, enfin de tous les fruits de la terre. Le blé qui à Orléans avait valu dans les précédentes années 14 à 15 livres, monta jusqu'à 110 livres ; encore avait-on bien de la peine à en avoir. Les artisans qui avaient quelques réserves soutinrent les premiers chocs, mais ils se virent bientôt obligés de vendre leurs meubles, car tous les bourgeois ne les faisaient plus travailler et pensaient au plus nécessaire. Enfin, ce fut une désolation générale lorsqu'ils se virent sans meubles, sans travail et sans pain. On voyait alors des familles entières qui avaient été fort accommodées [aisées] mendier leur pain de porte en porte. On n'entendait que des cris lugubres de pauvres enfants abandonnés par leurs parents, qui criaient jour et nuit qu'on leur donnât du pain. On ne voyait que des visages pâles et défigurés. Plusieurs tombaient en défaillance dans les rues et dans les places publiques, et quelques-uns expiraient sur le pavé. Les hôpitaux étaient si remplis qu'on fut contraints d'en faire un de la Maison des pestiférés qui était vide. Enfin, il y avait à l'hôtel-Dieu un si grand nombre de pauvres malades que l'on était obligé d'en mettre six dans chaque lit qui n'en contenait ordinairement que deux. Que si les pauvres des villes, où il y a tant de ressources, étaient dans un état si déplorable, que l'on juge, si l'on peut, de celui où étaient ceux de la campagne et dans quel excès de douleur elle était plongée. Notre charitable veuve, lorsqu'elle voyait tant de pauvres familles abandonnées et dans une si grande misère qu'il s'en est trouvé de réduites à brouter l'herbe comme des bêtes et à se nourrir de choses dont les animaux immondes n'auraient pas voulu user, on peut dire qu'elle chercha tous les moyens de procurer aux pauvres des paroisses circonvoisines de la sienne, tout le soulagement dont ils avaient besoin.

B. M. d'Orléans, manuscrit,
*Éloge historique de Marie Poisson,
de la paroisse Saint-Marc d'Orléans,
par un de ses contemporains,* 1693

Le «Grand Hiver»

Les témoignages concrets des contemporains sur le «grand hiver» de 1709 sont plus nombreux encore qu'en 1693, notamment de la part de beaucoup de curés de paroisse mentionnant à la fin des registres de l'année les événements exceptionnels et lamentables dont ils ont été les témoins. C'est le cas, parmi beaucoup d'autres, du curé de Saint-Mars-du-Désert, près de Nantes.

Le sixième de janvier au soir, le vent s'estant tourné au Nord, devint si froid que le lendemain matin, la glace portait partout. Ce qui fait voir encore la rigueur du froid, c'est que la rivière de Loire qui a coutume de rouler ses glaçons sept à huit jours auparavant de se glacer, le fut cependant dès le deuxième jour du froid.

[…] Le nombre des pauvres devint incroyable. On vit alors les pauvres gens de la campagne privés de tout secours, ne leur ayant pas resté un chou ni un porreau dans leurs jardins, se jeter en foule dans les villes, pour avoir part aux libéralités des habitants, qui furent fort considérables, au moins à Nantes, ne pouvant parler des autres villes. Mais on porta bientôt envie [prit ombrage] au seul secours qu'ils eussent et on les obligea, sous de grièves peines, de se retirer chez eux, et on vit paraître les plus beaux édits du monde pour leur soulagement qui ne servirent cependant qu'à les rendre plus malheureux. On vouloit que chaque paroisse eust nourri ses pauvres ; mais il aurait fallu pour cela que les pauvres eussent nourri les pauvres : aussi ces beaux édits furent sans effet et on ne mit point en pratique le seul moyen de les soulager en ostant ou au moins en diminuant les taxes dont ils estoient accablés ; au contraire, on les augmenta.

Le témoignage d'un conseiller au Parlement de Bordeaux, dans son livre de raison, n'est pas moins éloquent.

Du 11 janvier (1709). J'avais dans le lit le nez gelé et, quand je me suis levé, j'ai trouvé le thermomètre entièrement concentré dans la boule de verre, en sorte que la liqueur ne marquait point de degré de froid, tant il était violent, et même le vin se gelait dans les bouteilles […]

Du 13 janvier. Le froid continue très âprement, et de temps en temps il tombe de la neige […] La rivière se gèle et glace entièrement dans le descendant et le plein mer, de l'un à l'autre bord, et le montant rompt la glace, ce qui cause mille désordres aux bâtiments et fait échouer quantité de vaisseaux qui ont été très endommagés […] Les jurats [magistrats municipaux] font des feux publics pour les pauvres […]

Du 17 janvier. Toutes les vignes de graves sont gelées par le haut, c'est-à-dire par la flèche. M. de La Bourdonnaye, l'intendant, fait donner, pendant le mauvais temps, deux chaudières de soupe aux pauvres. Chaque jour il y a des feux perpétuels devant les portes de M. l'intendant.

Du 20 janvier. Toutes les horloges de la ville sont détraquées ; le froid a été si violent qu'il a fait impression sur le ressort desdites horloges dont la plupart sont cassées.

Du 23 janvier. Il y a grand dégel des glaces et des neiges ; en sorte que le grand froid n'a duré que 17 jours, ayant commencé le jour des Rois.

Marcel Lachiver,
Les Années de misère.
La famine au temps du Grand Roi,
1680-1720, Paris, Fayard, 1991

« La France entière n'est plus qu'un grand hôpital désolé »

À la fin du règne, quelques voix, bravant la censure, s'élèvent pour dénoncer les méfaits de la politique royale ou suggérer des réformes. C'est le cas notamment de Fénelon et de Vauban.

« Remontrances à ce prince … »

En 1694, Fénelon écrit une lettre à Louis XIV dans laquelle il décrit la situation catastrophique du royaume.

Cependant, vos peuples que vous devriez aimer comme vos enfants, et qui ont été jusqu'ici si passionnés pour vous, meurent de faim. La culture des terres est presque abandonnée, les villes et les campagnes se dépeuplent ; tous les métiers languissent et ne nourrissent plus les ouvriers. Tout commerce est anéanti. Par conséquent vous avez détruit la moitié des forces réelles du dedans de votre État, pour faire et pour défendre de vaines conquêtes au dehors. Au lieu de tirer de l'argent de ce pauvre peuple, il faudrait lui faire l'aumône et le nourrir. La France entière n'est plus qu'un grand hôpital désolé et sans provisions […] Le peuple (il faut tout dire), qui vous a tant aimé, qui a eu tant de confiance en vous, commence à perdre l'amitié, la confiance et même le respect. Vos victoires et vos conquêtes ne le réjouissent plus. Il est plein d'aigreur et de désespoir. La sédition s'allume peu à peu de toutes parts. Ils croient que vous n'avez aucune pitié de leurs maux, que vous n'aimez que votre autorité et votre gloire. Si le Roi, dit-on, avait un cœur de père pour son peuple, ne mettrait-il pas plutôt sa gloire à leur donner du pain et à les faire respirer après tant de maux, qu'à garder quelques places de la frontière qui causent

la guerre ? quelle réponse à cela, Sire ? […] Mais pendant qu'ils manquent de pain, vous manquez vous-même d'argent, et vous ne voulez pas voir l'extrémité où vous êtes réduit. Parce que vous avez toujours été heureux, vous ne pouvez vous imaginer que vous cessiez jamais de l'être. Vous craignez d'ouvrir les yeux ; vous craignez d'être réduit à rabattre quelque chose de votre gloire. Cette gloire, qui endurcit votre cœur, vous est plus chère que la justice, que votre propre repos, que la conservation de vos peuples qui périssent tous les jours des maladies causées par la famine, enfin que votre salut éternel incompatible avec cette idole de gloire.

in Maxime Leroy,
Fénelon, Paris, Félix Alcan, 1928

Le « vagabond du roi »

Plein de compassion pour les humbles et les miséreux, Vauban rédige vers 1698 un plan de réformes économiques et fiscales dans lequel il tente d'alerter le roi sur la « misère des peuples », Projet d'une dîme royale. *En 1700, il communique son manuscrit au roi qui lui exprime sa désapprobation. Il le fait imprimer clandestinement en 1707.*

La vie errante que je mène depuis quarante ans et plus, m'ayant donné occasion de voir et de visiter plusieurs fois et de plusieurs façons la plus grande partie des provinces de ce royaume, tantôt seul avec mes domestiques et tantôt en compagnie de quelques ingénieurs, j'ai souvent eu occasion de donner carrière à mes réflexions et de remarquer le bon et le mauvais des pays, d'en examiner l'état et la situation, et celui des peuples dont la pauvreté ayant souvent excité ma compassion, m'a donné lieu d'en rechercher la cause. Ce qu'ayant fait avec beaucoup de soin, j'ai trouvé […] les abus et malfaçons qui se pratiquent dans l'imposition et la levée des tailles, des aides et des douanes provinciales […] Il est certain que ce mal est poussé à l'excès et que, si l'on n'y remédie, le menu peuple tombera dans une extrémité dont il ne se relèvera jamais, les grands chemins de la campagne et les rues des villes et des bourgs étant pleins de mendiants que la faim et la nudité chassent de chez eux. Par toutes les recherches que j'ai pu faire depuis plusieurs années que je m'y applique, j'ai fort bien remarqué que dans ces derniers temps, près de la dixième partie du peuple est réduite à la mendicité et mendie effectivement ; que des neuf autres parties, il y en a cinq qui ne sont pas en état de faire l'aumône à celle-là, parce qu'eux-mêmes sont réduits, à très peu de choses près, à cette malheureuse condition ; des quatre autres parties qui restent, trois sont fort mal aisées et embarrassées de dettes et de procès ; et dans la dixième […], on ne peut pas compter sur cent mille familles et je ne croirais pas mentir quand je dirais qu'il n'y en a pas dix mille, petites ou grandes, qu'on puisse dire être fort à leur aise.

Les causes de la misère des peuples de cet État sont assez connues, je ne laisse pas néanmoins d'en représenter en gros les principales. Mais il importe beaucoup de chercher un moyen solide qui arrête ce désordre, pendant que nous jouissons d'une paix dont les apparences nous promettent une longue durée […]

L'établissement de la dîme royale imposée sur tous les fruits de la terre, d'une part, et sur tout ce qui fait revenu aux hommes de l'autre, me paraît le moyen le mieux proportionné de tous, parce que l'une suit toujours son héritage qui rend à proportion de sa fertilité, et que l'autre se conforme au revenu notoire et non contesté. C'est le système le moins susceptible de corruption de tous, parce qu'il n'est soumis qu'à son tarif et nullement à l'arbitrage des hommes […] C'est la manière de lever les deniers royaux la plus pacifique de toutes et qui excitera le moins de bruit et de haine parmi les peuples, personne ne pouvant avoir lieu de se plaindre de ce qu'il aura ou devra payer, parce qu'il sera toujours proportionné à son revenu […]

L'établissement de la dîme royale me paraît enfin le seul moyen capable de procurer un vrai repos au royaume et celui qui peut le plus ajouter à la gloire du roi et augmenter avec plus de facilité ses revenus, parce qu'il est évident qu'à mesure qu'elle s'affermira, ils s'accroîtront de jour en jour, ainsi que ceux des peuples, car l'un ne saurait faire chemin sans l'autre.

[…] Je me sens encore obligé, d'honneur et de conscience, de représenter à Sa Majesté qu'il m'a paru que de tout temps on n'avait pas eu assez d'égard en France pour le menu peuple et qu'on en avait fait trop peu de cas ; aussi, c'est la partie la plus ruinée et la plus misérable du royaume. C'est elle cependant qui est la plus considérable par son nombre et par les services réels et effectifs qu'elle lui rend. Car c'est elle qui porte toutes les charges, qui a toujours le plus souffert et qui souffre encore le plus […] On peut espérer que l'établissement de la dîme royale pourra réparer tout cela en moins de quinze années de temps.

Vauban, *Projet d'une dîme royale, 1707*
publié par E. Coornaert,
Paris, Félix Alcan, 1933

« Jamais prince ne posséda l'art de régner à un si haut point »

Louis de Rouvroy (1675-1755), deuxième duc de Saint-Simon, vit à la Cour de Louis XIV, de 1693 à 1715. Retiré sur ses terres en 1723, il entreprend la rédaction de ses Mémoires. Bien qu'il ne pardonne pas au roi sa politique de mise à l'écart de l'aristocratie et dénonce sans relâche ce « long règne de vile bourgeoisie », il n'en est pas moins séduit par la personnalité du Roi-Soleil, dont il dresse un portrait contrasté au lendemain de sa mort.

Il faut encore le dire. L'esprit du Roi était au-dessous du médiocre, mais très capable de se former. Il aima la gloire, il voulut l'ordre et la règle, il était né, sage, modéré, secret, maître de ses mouvements et de sa langue. Le croira-t-on ? il était né bon et juste, et Dieu lui en avait donné assez pour être un bon roi, et peut-être même un assez grand roi. Tout le mal lui vint d'ailleurs [...] Sa faiblesse pour ses ministres, qui haïssaient et rabaissaient, pour s'élever, tout ce qu'ils n'étaient pas et ne pouvaient pas être, lui avait donné le même éloignement pour la naissance distinguée. Il la craignait autant que l'esprit et si ces deux qualités se trouvaient unies dans un même sujet, et qu'elles fussent connues, c'en était fait. Ses ministres, ses généraux, ses maîtresses, ses courtisans s'aperçurent, bientôt après qu'il fût le maître, de son faible plutôt que de son goût pour la gloire. Ils le louèrent à l'envi et le gâtèrent. Les louanges, disons mieux, la flatterie lui plaisait à tel point, que les plus grossières étaient bien reçues, les plus basses encore mieux savourées. Ce n'était que par là qu'on s'approchait de lui, et ceux qu'il aima n'en furent redevables qu'à heureusement rencontrer [un heureux hasard], et à ne se jamais lasser en ce genre. C'est ce qui donna tant d'autorité à ses ministres, par les occasions continuelles qu'ils avaient de l'encenser, surtout de lui attribuer toutes choses, et de les avoir apprises de lui. La souplesse, la bassesse, l'air admirant, dépendant, rampant, plus que tout, l'air de néant sinon par lui, étaient les uniques voies de lui plaire. Pour peu qu'on s'en écartât, on n'y revenait plus et c'est ce qui acheva la ruine de Louvois [...]

Prince heureux s'il en fut jamais, en figure unique, en force corporelle, en santé égale et ferme et presque jamais interrompue, en siècle si fécond et si libéral pour lui en tous genres qu'il a pu en ce sens être comparé au siècle d'Auguste, en sujets adorateurs prodiguant leurs biens, leur sang, leurs talents, la plupart jusqu'à leur réputation, quelques-uns même leur honneur et beaucoup trop leur conscience et leur religion pour le servir, souvent même seulement pour lui plaire [...]

De là cette autorité sans bornes qui put tout ce qu'elle voulut, et qui trop souvent voulut tout ce qu'elle put, et qui ne trouva jamais la plus légère résistance [...]

Louis de Rouvroy, duc de Saint-Simon.

Jamais prince ne posséda l'art de régner à un si haut point. L'ancienne cour de la reine sa mère lui avait imprimé une politesse distinguée, une gravité jusque dans l'air de galanterie, une dignité, une majesté partout qu'il sut maintenir toute sa vie, et lors même que, vers sa fin, il abandonna la cour à ses propres débris.

Les fêtes fréquentes, les promenades particulières à Versailles, les voyages furent des moyens que le Roi saisit pour distinguer et pour mortifier en nommant les personnes qui à chaque fois en devaient être, et pour tenir chacun assidu et attentif à lui plaire. Il sentait qu'il n'avait pas à beaucoup près assez de grâces à répandre pour faire un effet continuel. Il en substitua donc aux véritables d'idéales, par jalousie, les petites préférences qui se trouvaient tous les jours, et pour ainsi dire à tous moments, par son art [...] Non seulement il était sensible à la présence continuelle de ce qu'il y avait de distingué, mais il l'était aussi aux étages inférieurs. Il regardait à droit et à gauche à son lever, à son coucher, à ses repas, en passant dans les appartements, dans ses jardins de Versailles, où seulement les courtisans avaient la liberté de le suivre ; il voyait et remarquait tout le monde ; aucun ne lui échappait jusqu'à ceux qui n'espéraient pas même être vus [...]

Il aima en tout la splendeur, la magnificence, la profusion. Ce goût, il le tourna en maxime par politique, et l'inspira en tout à sa cour. C'était lui plaire que de s'y jeter en tables, en habits, en équipages, en bâtiments, en jeu. C'étaient des occasions pour qu'il parlât aux gens. Le fond était qu'il tendait et parvint par là à épuiser tout le monde en mettant le luxe en honneur, et pour certaines parties en nécessité ; et réduisit ainsi peu à peu tout le monde à dépendre entièrement de ses bienfaits pour subsister. Il y trouvait encore la satisfaction de son orgueil par une cour superbe en tout, et par une plus grande confusion qui anéantissait de plus en plus les distinctions naturelles [...]

Au milieu de ces fers domestiques [les deuils de 1711-1712], cette constance, cette fermeté d'âme, cette égalité extérieure, ce soin toujours le même de tenir tant qu'il pouvait le timon, cette espérance contre toute espérance par courage, par sagesse, non par aveuglement, ces dehors du même roi en toutes choses, c'est ce dont peu d'hommes auraient été capables, c'est ce qui aurait pu lui mériter le nom de Grand qui lui avait été si prématuré. Ce fut aussi ce qui lui acquit la véritable admiration de toute l'Europe, celle de ceux de ses sujets qui en furent témoins, et c'est ce qui lui ramena tant de cœurs qu'un règne si long et si dur lui avait aliénés. Il sut s'humilier en secret sous la Main de Dieu, en reconnaître la justice, en implorer la miséricorde sans avilir aux yeux des hommes sa personne ni sa couronne.

Saint-Simon,
Mémoires, Paris, Gallimard, Pléiade,
éd. établie par Yves Coirault, t. V, 1985

Le Dictionnaire de Furetière

Membre de l'Académie française, Antoine Furetière, agacé par la lenteur de l'avancement des travaux du Dictionnaire, ainsi que par l'absence de prise en compte des termes scientifiques, techniques et artistiques, sollicite et obtient de Louis XIV un privilège pour publier son propre dictionnaire. L'entreprise n'étant pas du goût de ses collègues, il est exclu de l'Académie en 1684. Son Dictionnaire universel sera publié en 1690, deux ans après sa mort. Au-delà de ses qualités de lexicologue, Furetière fournit, au fil de ses articles et des exemples qui les accompagnent, un écho direct sur les valeurs et les attitudes culturelles de la bourgeoisie du temps de Louis XIV.

Roi : souverain, maître absolu ; c'est la qualité qu'on donne à Dieu ; qui est le roi, le souverain créateur du ciel et de la terre, le roi des rois [...] Signifie aussi monarque qui commande seul et souverainement à une région de la terre. Les Grecs appelaient le roi de Perse, le grand Roi. Les Européens regardent le roi de France comme le roi le plus grand et le plus puissant de l'Europe. On l'appelle le roi très chrétien. Le roi Louis XIV est le plus grand roi qui ait été depuis le début de la monarchie.

État : royaume, provinces ou étendues de pays qui sont sous une même domination. Les États du Turc, du roi d'Espagne sont fort étendus ; ceux du roi de France sont fort unis et peuplés [...] Se dit des différents ordres du royaume, qu'on a fait assembler quelquefois pour réformer les désordres de l'État, pour apaiser les troubles de l'État. Ils sont composés de l'Église, de la Noblesse et du Tiers État.

Guerre : différend entre des États ou des princes souverains, qui ne se peut terminer par la justice et qu'on ne vide que par la force [...] Le roi de France est l'arbitre de la paix et de la guerre.

Clergé : l'assemblée ou le corps des ecclésiastiques. Il y a deux sortes de clergé. Le régulier est celui qui comprend tous les moines. Le séculier, tous les autres ecclésiastiques qui vivent hors des cloîtres. Dans les États Généraux, le premier rang est donné au clergé.

Religion : culte du vrai Dieu, cérémonies extérieures par lesquelles on témoigne qu'on l'adore dans son cœur. La vraie religion est la catholique, apostolique et romaine.

Noble : gentilhomme, celui qui est élevé au-dessus des roturiers par sa naissance, par ses charges ou par la faveur du Prince. Les vrais nobles sont des nobles de race, de sang, d'extraction. Les nouveaux nobles sont ceux qui ont été anoblis par leurs charges, par leurs emplois. Les nobles par lettres sont ceux qui ont obtenu lettres du Prince pour jouir des privilèges des nobles. Les paysans sont toujours ennemis des nobles et surtout des nobles de campagne.

Courtisan : homme qui hante la Cour, qui est à la suite du Roi. Ce seigneur est un sage courtisan, un habile, un rusé courtisan. Les courtisans ne doivent pas dire tout ce qu'ils pensent.

Bourgeois : nom collectif, l'assemblage du peuple qui habite dans une ville. Se dit aussi pour marquer les gens du Tiers État, à la distinction des gentilshommes et des ecclésiastiques qui jouissent de plusieurs privilèges dont le peuple ne jouit pas. Les charges de l'État sont portées par les bourgeois. On dit en ce sens, un tel est gentilhomme et un tel n'est que bourgeois.

Honnête : ce qui mérite de l'estime, de la louange, à cause qu'il est raisonnable, selon les bonnes mœurs. On le dit premièrement de l'homme de bien, du galant homme, qui a pris l'air du monde, qui sait vivre.

Politesse : conduite honnête, civile et agréable dans les mœurs, dans les manières d'agir et d'écrire.

Peuple : se dit particulièrement des habitants d'une ville. Les villes où il y a le plus de peuple sont Pékin, Nankin et Paris […] Se dit encore plus particulièrement par opposition à ceux qui sont nobles, riches ou éclairés. Le peuple est peuple par tout, c'est-à-dire sot, remuant, aimant les nouveautés. Cet homme est gâté de toutes les erreurs et opinions du peuple. Il est de la lie du peuple, le menu peuple, le commun du peuple est malin et séditieux. Il y a bien du peuple au quartier des Halles.

Populaire : qui concerne le peuple. Les grands seigneurs se rendent populaires pour briguer l'affection du peuple. Le pire des États est l'État populaire, celui où le peuple est maître. On appelle aussi erreurs populaires, une infinité d'opinions mauvaises qui se sont glissées parmi le peuple, dont plusieurs gens sont persuadés par préoccupation [préjugé] sans en avoir voulu examiner les principes ou la raison. La plupart des opinions communes, quand elles sont bien examinées, sont des erreurs populaires.

Paysan : roturier qui habite dans les villages, qui cultive la terre et qui sert à tous les ménages [travaux] de campagne. Les paysans sont ceux qui supportent les charges de l'État, qui paient la taille, qui font les corvées, etc. Les paysans qui sont riches sont fort malins et insolents […] On appelle figurément un homme grossier, rustique, incivil, malpropre, un paysan.

Pauvre : qui n'a pas de bien, qui n'a pas les choses nécessaires pour sustenter sa vie ou soutenir sa condition. Il y a un Bureau des pauvres à Paris, une taxe faite sur les bourgeois pour les pauvres. On quête dans les paroisses pour les pauvres. On a fait un Hôpital Général pour renfermer tous les pauvres ; auparavant, on était assassiné de pauvres qui demandaient l'aumône.

Lire : […] les paysans ne devraient savoir ni lire, ni écrire, cela les rend chicaneurs.

Guérison : recouvrement de santé. La plupart des guérisons se font par la nature plutôt que par l'art.

Superstition : dévotion ou crainte de Dieu mal ordonnée. La superstition païenne portait à adorer les faux dieux, les idoles. Le peuple, quoique chrétien, se laisse aller à plusieurs petites superstitions et cérémonies que les prélats s'efforcent de retrancher. C'était une grande superstition d'observer le vol des oiseaux, et maintenant de craindre qu'un verre qui se casse ou une salière qui se renverse ne soient une cause de quelque malheur.

Antoine Furetière,
Dictionnaire universel,
La Haye, 1690, 3 vol.

Portraits du Soleil

Très nombreux sont les contemporains de Louis XIV qui ont laissé un témoignage personnel sur le Grand Roi, notamment les étrangers, dont le regard était parfois plus détaché et l'expression moins contrainte.

Panégyrique vénitien

En 1665, l'ambassadeur vénitien, Alvise Sagredo, écrit ces lignes dans un rapport adressé aux magistrats de la Sérénissime.

Louis XIV étant né le 5 septembre 1638, Sa Majesté se trouve actuellement dans la vingt-huitième année de son âge. Elle est dotée de tous les avantages personnels qui consistent en un air de héros, une remarquable stature et une allure majestueuse, avec grâce et proportion dans toutes les autres parties du corps, d'une beauté rare; si bien que si le Seigneur ne lui avait donné de naissance des droits à régner, tout le monde reconnaîtrait que Louis XIV en est le plus digne parmi tous les hommes de son royaume. En outre, une forte charpente et un tempérament chaud et humide sont le gage d'une longue vie [...] Quant aux dons de l'âme, Sa Majesté est pourvue d'une sagesse naturelle et d'une intelligence extrêmement lucide. Elle accueille tout un chacun avec énormément de bienveillance, mêle dans toutes ses actions, les petites comme les grandes, la gentillesse et la gravité à une grâce qui ravit tous les cœurs [...] Enfin il est certain que dans toutes les affaires du royaume, Sa Majesté procède avec la plus grande sagesse. On peut voir qu'Elle sait garder un profond silence et ne laisse jamais sortir de sa bouche parole inconsidérée. Dieu lui a donné une mémoire claire et Elle s'en sert pour se régler sur les exemples et les cas du passé, quand Elle doit prendre des décisions, faisant les comparaisons qui s'imposent et en profitant pour mieux faire encore qu'il n'a été fait. Voilà, en ce qui concerne Sa Majesté.

in Georges Mongrédien,
Louis XIV, Paris, Albin Michel,
coll. «Le Mémorial des siècles», 1963

Le goût des éloges

Ézéchiel Spanheim (1629-1710), envoyé extraordinaire de l'Électeur de Brandebourg auprès de la Cour de France depuis 1680, rentre à Berlin au début de la guerre en 1689 et rédige une Relation de la Cour de France *en 1690.*

Comme les qualités personnelles du Roi, les heureux succès de ses établissements ou de ses entreprises, l'état florissant de son règne dans ses finances, dans ses armées, dans ses généraux, dans ses conquêtes, joint aux flatteries ordinaires des courtisans et au génie soumis de la nation envers son prince, l'élevèrent bientôt au-dessus non seulement des monarques ou des souverains de son temps, mais de ceux même des règnes précédents, il s'accoutuma insensiblement à prendre goût à ces éloges et à croire qu'ils n'étaient point sans fondement. On s'attacha à le faire seul l'auteur et le mobile de tous les heureux succès de son règne, à les attribuer uniquement à ses conseils, à sa prudence, à sa valeur et à sa conduite, bien plus qu'à ses forces, à ses ministres, à ses généraux et aux conjonctures. On ne garda même point de mesure à s'écrier sur toutes ses paroles et sur toutes ses actions, et à ériger des monuments à sa gloire, qui l'élevaient non seulement au-dessus des héros de sa race ou de ceux des autres peuples, mais bien au-delà de la portée et des bornes de la condition mortelle. Il s'en fit aussi une confiance qui lui inspira une autre opinion de ses entreprises et de ses forces, et du mépris de celles de ses ennemis, et qui passa si avant qu'à lui faire considérer pour injure tout ce qui semblait traverser ses desseins ou diminuer aucunement sa considération ou son autorité dans l'Europe.

Ézéchiel Spanheim,
Relation de la Cour de France en 1690,
cité *in* Georges Mongrédien, *idem*

Portrait sans indulgence

Élisabeth-Charlotte (1652-1722), fille de l'Électeur Palatin, dite la Princesse Palatine, a laissé une volumineuse correspondance avec ses parentes et amis allemands, nourrie de ses réflexions sans indulgence sur la vie à la Cour.

Quand le Roi voulait, il était l'homme le plus agréable et le plus aimable du monde ; mais il fallait qu'il fût accoutumé aux personnes ; il plaisantait d'une manière comique et avec agrément. Sans être parfait, notre roi avait de grandes et belles qualités, et il ne méritait pas d'être tant diffamé et méprisé par ses sujets après sa mort. Tant qu'il a vécu, on l'a flatté jusqu'à l'idolâtrie […] S'il n'avait eu le malheur de tomber entre les mains des deux plus méchantes femmes du monde, la Montespan et la vieille Maintenon qui était encore pire que l'autre, il eût pu passer pour l'un des rois les plus parfaits

Portrait de Louis XIV vers 1663.

du monde ; car le mal qu'il a fait dans sa vie vient de ces deux femmes, et non de lui. […] Tant que Louis XIV a été jeune, toutes les femmes ont couru après lui ; mais il a renoncé à ce genre de vie quand il s'est imaginé être devenu dévot. Le véritable motif était que la vieille sorcière [Mme de Maintenon] le surveillait au point qu'il n'osait plus regarder personne. Elle le dégoûta aussi de tout le monde pour l'avoir toute seule, et cela sous prétexte de prendre soin de son âme […] Il est certain que Louis XIV était le plus bel homme de son royaume ; personne n'avait aussi bonne mine que lui ; il avait une figure agréable, de belles jambes, de jolis pieds, une voix agréable ; il était grand et gros en proportion ; en un mot, il n'y avait absolument rien à blâmer dans toute sa personne.

cité *in* Georges Mongrédien, *idem*

Louis XIV au prisme de l'histoire

Depuis Voltaire, les historiens étudiant l'histoire de la France au XVIIe siècle, ont porté sur Louis XIV des regards divers, mais jamais indifférents. Ne pose-t-il pas, comme l'écrit Pierre Goubert, « l'éternel problème du grand homme dans l'Histoire » ?

« Le siècle de Louis XIV »

Commencé en 1732, publié en 1753, Le Siècle de Louis XIV *de Voltaire est une œuvre historique radicalement neuve par son ouverture à tous les aspects de l'activité humaine. Les chapitres consacrés aux arts sont essentiels puisqu'ils entendent montrer le haut degré de civilisation auquel était parvenue la France de Louis XIV.*

Louis XIV, forcé [en 1668] de rester quelque temps en paix, continua, comme il avait commencé, à régler, à fortifier et embellir son royaume. Il fit voir qu'un roi absolu qui veut le bien vient à bout de tout sans peine. Il n'avait qu'à commander, et les succès dans l'administration étaient aussi rapides que l'avaient été ses conquêtes. C'était une chose véritablement admirable de voir ces ports de mer, auparavant déserts, ruinés, maintenant entourés d'ouvrages qui faisaient leur ornement et leur défense, couverts de navires et de matelots, et contenant déjà près de soixante grands vaisseaux qu'il pouvait armer en guerre. De nouvelles colonies [groupes de colons], protégées par son pavillon, partaient de tous côtés pour l'Amérique, pour les Indes orientales, pour les côtes de l'Afrique. Cependant, en France, et sous ses yeux, des édifices immenses occupaient des milliers d'hommes, avec tous les arts que l'architecture entraîne après elle ; et dans l'intérieur de sa cour et de sa capitale, des arts plus nobles et plus ingénieux donnaient à la France des plaisirs et une gloire dont les siècles précédents n'avaient pas eu même l'idée. Les lettres florissaient ; le bon goût et la raison pénétraient dans les écoles de la barbarie. Tous ces détails de la gloire et de la félicité de la nation trouveront leur véritable place dans cette histoire [...]

C'était un temps digne de l'attention des temps à venir que celui où les héros de Corneille et de Racine, les personnages de Molière, les symphonies de Lulli, toutes nouvelles pour la nation, et, puisqu'il ne s'agit ici que des arts, les voix des Bossuet et des Bourdaloue, se faisaient entendre à Louis XIV, - à Madame, si célèbre par son goût, à un Condé, à un Turenne, à un Colbert et à cette foule d'hommes supérieurs qui parurent en tout genre. Ce temps ne se retrouvera plus, où un duc de La Rochefoucauld, l'auteur des *Maximes*, au sortir de la conversation d'un Pascal et d'un Arnauld, allait au théâtre de Corneille.

Voltaire, *Le Siècle de Louis XIV,*
Paris, Furne et Jouvet, 1890

Le bien, le mal, le pire...

Jules Michelet (1798-1874) commence, à partir de 1833, la rédaction d'une histoire de la France. Après avoir publié la partie concernant le Moyen Âge, il décide, en

*1847, de se consacrer à l'histoire de la
Révolution, et ce n'est qu'en 1855 qu'il
entame la partie intermédiaire, qui sera
publiée en 12 volumes entre 1855 et 1867,*
L'Histoire de l'Ancien Régime. *Son
amour du peuple et de la République,
son aversion pour le « pouvoir absolu »
expliquent certains de ses partis pris.*

Nous achevons les soixante-douze années
du règne de Louis XIV. Pénible étude,
mais vraiment instructive. Ce n'est pas
seulement le plus long règne de l'histoire,
c'est le plus important, comme type et
légende du gouvernement monarchique.
L'Europe l'a accepté ainsi. Elle n'a point
du tout accepté les glorieuses tyrannies
militaires qui ont pu suivre. Elle n'y a vu
qu'un accident sinistre. Mais Louis XIV
est la règle, le roi des honnêtes gens.
Le bien, le mal, le pire, on a tout imité
de lui. Il est le vrai et le complet miroir
où tous les rois ont regardé. Ils ont copié
servilement sa cour, son administration,
ses fautes surtout. La France même de 93
lui a volé les lois de la Terreur et le régime
des suspects [...] Ce qui saisit dans
cette fin lamentable de 1715, c'est que
non seulement toute la vieille machine
(royauté, clergé et noblesse) s'enfonce
et presque disparaît, mais l'ordre, même
extérieur, l'administration, vraie gloire
de ce règne, n'existe plus à proprement
parler. La bureaucratie est paralysée. Le
gouvernement effaré ne peut même plus
se rendre compte de ses fautes. Dans tout
ceci éclate le contraste et la lutte de deux
choses qu'on aime trop à confondre dans
l'idée complexe de la centralisation
royale : le gouvernement personnel
et l'administration. C'est justement le
premier qui tue l'autre. Colbert, Louvois,
malmenés par le roi et minés par la ligue
des courtisans et des dévots, meurent à la
peine, et avec eux l'ordre même. Au
gouvernement personnel, ils avaient

prêté le beau masque et la couverture
secourable d'une certaine régularité
administrative qui faisait illusion.
Ces commis-rois faisaient obstacle
au roi, empêchaient ce gouvernement
d'apparaître dans sa vérité. Quitte enfin
d'eux, la royauté se révéla, fut elle-même.
Libre, Louis XIV en donna le vrai type,
la forme pure. Il put descendre en pleine
majesté ce superbe Niagara de la
banqueroute, au plus profond chaos
de l'écrasant naufrage.

Michelet,
Histoire de France, Paris, tome XII, 1860

« Une écorce brillante »

*Ernest Lavisse (1842-1922), professeur à la
Sorbonne, grand historien « officiel » de la
IIIe République, a dirigé entre 1900 et 1912
une monumentale* Histoire de France,
*en vingt volumes. Il a rédigé lui-même
l'essentiel des deux volumes consacrés à
Louis XIV. Dans sa conclusion, il dénonce
le despotisme du roi, mais balance entre le
« fond destructif » du règne et son « écorce
brillante ».*

La France aima longtemps son roi
et presque l'adora, admirant dans
ses paroles et ses gestes sa propre
grandeur et sa gloire. Quand elle
souffrit cruellement de tant de fautes
commises, éclatèrent des colères et des
malédictions, et il sembla que la gloire
de Louis XIV fût bien morte ; mais
elle devait revivre bientôt. On essaiera,
au début du règne suivant, de vivre
autrement qu'on avait vécu, de faire
autre chose que ce que l'on avait fait ;
mais on ne le pourra pas. Louis XIV
avait donné à l'ancienne France sa
dernière forme politique, le despotisme.
Personne après lui ne saura conduire
ce régime, et l'on tombera dans cette
invraisemblance de trouver « le despotisme

partout et le despote nulle part». Le gouvernement intérieur et la politique étrangère souffriront de faiblesses et d'incohérences et la France s'abaissera ; Voltaire alors ramènera les regards vers la grandeur de Louis XIV, dont les fautes seront oubliées. Depuis, bien que le grand Roi ait trouvé de sévères critiques et de justes historiens, le grand renom lui est demeuré. À la raison qui découvre le «fond destructif» de ce règne, l'imagination résiste, séduite par «l'écorce brillante». Elle se plaît au souvenir de cet homme, qui ne fut point un méchant homme, qui eut des qualités, même des vertus, de la beauté, de la grâce, et le don de si bien dire ; qui, au moment où brilla la France, la représenta brillamment, et refusa d'en confesser l'accablement lorsqu'elle fut accablée ; qui soutint son grand rôle, depuis le lever de rideau splendide jusqu'aux sombres scènes du dernier acte, dans un décor de féerie, ces palais bâtis en des lieux inconnus et sur des terres ingrates, ces fontaines qui jaillissent d'un sol sans eau, ces arbres apportés de Fontainebleau ou de Compiègne, ce cortège d'hommes et de femmes, déracinés ici, transplantés là, pour figurer le chœur d'une tragédie si lointaine à nos yeux, déshabitués de ces spectacles et de ces mœurs, qu'elle prend quelque chose du charme et de la grandeur d'une antiquité.

Ernest Lavisse (ss. la dir. de), *Histoire de France depuis les origines jusqu'à la Révolution,* Paris, Hachette, 1900-1912 ; tomes VII et VIII

Vingt millions de Français

Dans son Louis XIV et vingt millions de Français, *publié en 1966, Pierre Goubert s'intéresse plus aux vingt millions de sujets et au monde dans lequel s'inscrit le règne de Louis XIV, qu'au roi lui-même.*

Ce grand livre a marqué un tournant dans l'historiographie du temps de Louis XIV. Non seulement, il s'appuyait sur les quelques travaux qui faisaient entrer dans le champ de l'histoire des domaines neufs, comme la démographie ou les «mentalités», ou insuffisamment explorés, comme l'économie, mais encore il ouvrait la voie à de nombreux historiens qui, tel Robert Mandrou dans son Louis XIV en son temps *(1973), allaient profondément renouveler notre connaissance de la France du XVIIe siècle.*

Ce Louis XIV est à la fois une œuvre de vulgarisation et un essai. Entre les érudits enfermés dans leur spécialité et le grand public […], il existe un véritable précipice, qui va s'élargissant sans cesse. Sur ce précipice, on a tenté de jeter un pont : le public cultivé doit être informé du travail considérable accompli depuis une vingtaine d'années ; il tend à renouveler beaucoup d'idées reçues, sinon sur la personne du Roi, du moins sur son royaume […] Le rôle de l'historien est de s'informer et d'essayer de comprendre ; prononcer la sentence, non point. Louis XIV seul, enfermé dans sa majesté, n'est qu'objet de littérature. Si conscient de sa responsabilité, si ferme et résolu que soit un tel maître, il dépend de ses sujets et du monde qui l'entoure, autant que ses sujets dépendent de lui, et que ce monde porte sa marque. Confronter Louis XIV à son royaume et à son temps, tel est plutôt le sujet de cet ouvrage, qui pose, en fin de compte, une fois encore, l'éternel problème du grand homme dans l'Histoire […] De ces réussites, de ces bonnes intentions, de ces échecs, insuffisances et refus, Louis XIV demeure, à travers ses commis, finalement responsable. Responsable, s'il est vrai qu'un homme, fût-il roi et même grand roi, ait le pouvoir d'exercer une action efficace contre les grandes forces,

En s'intéressant aux vingt millions de Français du règne de Louis XIV, Pierre Goubert a montré que bien souvent les misères l'ont emporté sur les splendeurs.

politiques, démographiques, économiques, mentales qui, peut-être, commandent l'évolution générale d'un royaume qui n'est pas isolé dans le vaste monde. Parmi ces forces, certaines, que le Roi sut ou ne sut pas apercevoir, s'opposèrent directement à son action ; d'autres, plus lentes et plus mal connues, presque toujours ignorées par lui, n'en exercèrent pas moins une longue et sourde pesée, que certains historiens jugent fondamentale [...]

Enterré, comme beaucoup de rois de France, dans l'hostilité générale et la haine particulière des Parisiens, sa dépouille était déjà un symbole. Louis devenait cette solennelle momie appelée à la déification future par la nostalgie des uns, à la dérision suprême par la passion antagoniste des autres. Ce cadavre que nous voulions seulement essayer de comprendre en son temps, sans parvenir à l'adorer.

Pierre Goubert,
Louis XIV et vingt millions de Français,
Paris, Fayard, 1966

Un rêve dangereux

S'il faut en croire l'un des derniers historiens de Louis XIV, Lucien Bély, le «rêve dangereux» nourri par beaucoup de Français depuis trois siècles de constituer une nation à « ambition universelle », daterait du règne du Grand Roi.

En se rêvant le plus grand roi du monde, Louis XIV a entraîné la France et les Français dans un rêve dangereux qui s'est prolongé bien après sa mort. Une conscience collective s'est construite autour de cet idéal de primauté. Certes, les défaites militaires du XVIIIe siècle entraînent un relatif effacement politique du pays, mais son affirmation intellectuelle et artistique ne se conteste pas. Lorsque la souveraineté nationale l'emporte sur l'autorité royale, la même quête réapparaît avec la «grande nation» qui porte au loin les valeurs de la Révolution. Elle se métamorphose brièvement en un Empire à l'échelle du continent où un Empereur des Français impose sa loi aux monarchies anciennes. Une ambition universelle renaît plus tard lorsque la République au XIXe siècle conquiert un empire colonial, bien loin de la vieille Europe, et nourrit un patriotisme passionné pour mener des guerres totales. La République d'aujourd'hui ne renie sans doute pas tout l'héritage d'un Louis XIV qui a donné de l'élan à la construction de l'État et ébloui le monde en créant Versailles. La trace s'avère peut-être plus profonde. Bien sûr, tout homme a tendance à penser qu'il se trouve au centre de l'univers, toute communauté se considère d'abord comme seule au monde. Néanmoins, peut-être plus que d'autres, la France et bien des Français conservent l'idée ou l'illusion qu'ils ont une mission singulière à conduire et un rôle primordial à jouer sur terre, et que cela les distingue un peu du reste de l'humanité, depuis Louis XIV.

Lucien Bély,
Louis XIV, le plus grand roi du monde,
Paris, Éd. Jean-Paul Gisserot, 2005

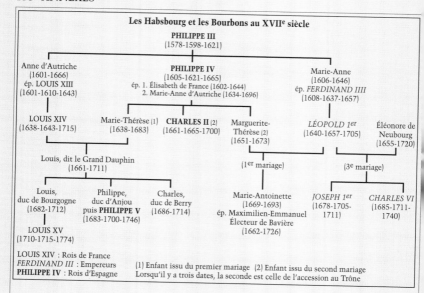

Les Habsbourg et les Bourbons au XVIIᵉ siècle

PHILIPPE III
(1578-1598-1621)

Anne d'Autriche
(1601-1666)
ép. LOUIS XIII
(1601-1610-1643)

PHILIPPE IV
(1605-1621-1665)
ép. 1. Élisabeth de France (1602-1644)
2. Marie-Anne d'Autriche (1634-1696)

Marie-Anne
(1606-1646)
ép. FERDINAND IIII
(1608-1637-1657)

LOUIS XIV
(1638-1643-1715)

Marie-Thérèse (1)
(1638-1683)

CHARLES II (2)
(1661-1665-1700)

Marguerite-
Thérèse (2)
(1651-1673)

LÉOPOLD 1er
(1640-1657-1705)

Éléonore de
Neubourg
(1655-1720)

Louis, dit le Grand Dauphin
(1661-1711)

(1er mariage)

(3e mariage)

Louis,
duc de Bourgogne
(1682-1712)

Philippe,
duc d'Anjou
puis PHILIPPE V
(1683-1700-1746)

Charles,
duc de Berry
(1686-1714)

Marie-Antoinette
(1669-1693)
ép. Maximilien-Emmanuel
Électeur de Bavière
(1662-1726)

JOSEPH 1er
(1678-1705-
1711)

CHARLES VI
(1685-1711-
1740)

LOUIS XV
(1710-1715-1774)

LOUIS XIV : Rois de France
FERDINAND III : Empereurs
PHILIPPE IV : Rois d'Espagne

(1) Enfant issu du premier mariage (2) Enfant issu du second mariage
Lorsqu'il y a trois dates, la seconde est celle de l'accession au Trône

CHRONOLOGIE

1638 – 5 septembre. Naissance de Louis Dieudonné, fils de Louis XIII et d'Anne d'Autriche, futur Louis XIV.

1640 – 21 septembre. Naissance de Philippe, duc d'Anjou, puis d'Orléans, second fils de Louis XIII et d'Anne d'Autriche.

1642 – 4 décembre. Mort de Richelieu.

1643 – 14 mai. Mort de Louis XIII. Le dauphin Louis devient Louis XIV.
– 18 mai. Anne d'Autriche, régente, Mazarin, confirmé comme ministre d'État.
– 19 mai. Victoire du duc d'Enghien, futur prince de Condé, sur les Espagnols, à Rocroi.

1648 – Janvier. Début de la Fronde parlementaire.
– 20 août. Victoire de Condé sur les Espagnols, à Lens.
– 24 octobre. Signature des traités de Westphalie.

1649 – 6 janvier. La Cour s'enfuit à Saint-Germain-en-Laye.

1650 – 18 janvier. Arrestation de Condé, Conti et Longueville.

1651 – 7 septembre. Le roi, âgé de treize ans, est proclamé majeur.

1652 – 2 juillet. Combat de la porte Saint-Antoine.

– 21 octobre. Le roi et la Cour rentrent à Paris.

1654 – 7 juin. Le roi est sacré à Reims.

1658 – 14 juin. Turenne bat les Espagnols, aux Dunes, près de Dunkerque.

1659 – 7 novembre. Signature du traité des Pyrénées.

1660 – 9 juin. Mariage, à Saint-Jean-de-Luz, de Louis XIV et de l'infante Marie-Thérèse.

1661 – 9 mars. Mort de Mazarin.
– 5 septembre. Arrestation de Fouquet à Nantes.
– 15 septembre. Colbert, ministre d'État.
– 1er novembre. Naissance du dauphin Louis, nommé ultérieurement Monseigneur.
– Août. Début de la crise de subsistances et de la famine qui en est la conséquence.

1663 – La Nouvelle-France devient colonie de la couronne.
– Débuts des travaux de Le Vau et de Le Nôtre à Versailles.

1664 – 6-13 mai. Les Plaisirs de l'île enchantée à Versailles.

1666 – 20 janvier. Mort de la reine Anne d'Autriche.
– Début de la construction du canal du Midi.

1667 – Mai. Début de la guerre de Dévolution.

1668 – 2 mai. Traité d'Aix-la-Chapelle.

1672 – 6 avril. Louis XIV déclare la guerre aux Provinces-Unies.
– 12 juin. L'armée française passe le Rhin au gué de Tolhuis.
1674 – 15 mai. Capitulation de Besançon.
1676 – 22 avril. Duquesne bat Ruyter à Agosta.
1678 – 9 mars. Louis XIV entre dans Gand.
– 10 août. Paix entre la France et les Provinces-Unies signée à Nimègue.
– 17 septembre. Paix entre la France et l'Espagne.
– Début des travaux d'Hardouin-Mansart à Versailles.
1679 – 5 février. Paix entre la France et l'Empereur à Nimègue.
– Août. Début de la politique des « réunions ».
1681 – Mars. Louvois autorise la pratique des « dragonnades » à l'encontre des protestants.
– 25 juillet. Mise en place de la Ferme générale pour la levée des impôts indirects.
– 23 octobre. Louis XIV entre dans Strasbourg.
1682 – Janvier-avril. Cavelier de La Salle descend le Mississippi et fonde la Louisiane.
– 19 mars. Vote par l'Assemblée du clergé de la Déclaration des quatre articles.
– 6 mai. Le roi et la Cour s'installent à Versailles.
1683 – 30 juillet. Mort de la reine Marie-Thérèse.
– 6 septembre. Mort de Colbert.
– 9 ou 10 octobre. Louis XIV épouse secrètement Mme de Maintenon.
1684 – 15 août. Trêve de Ratisbonne.
1685 – 17 octobre. Édit de Fontainebleau portant révocation de l'édit de Nantes.
1686 – 9 juillet. Formation de la Ligue d'Augsbourg.
1687 – Hardouin-Mansart construit le Grand Trianon, à Versailles.
1688 – 26 novembre. Louis XIV déclare la guerre aux Provinces-Unies.
1689 – Janvier-mars. Nouvelle dévastation du Palatinat par les troupes françaises.
1690 – 1er juillet. Victoire du maréchal de Luxembourg à Fleurus.
– 10 juillet. Victoire navale de Tourville, à Béveziers.
1691 – 10 juillet. Mort de Louvois.
– 8 avril. Louis XIV prend Mons.
1692 – 29 mai-2 juin. Tourville, vainqueur, à Barfleur, puis défait, à La Hougue.
– 30 juin. Louis XIV prend Namur.

– Début d'une crise de subsistances.
1693 – 29 juillet. Victoire de Luxembourg, à Neerwinden.
– Aggravation de la crise de subsistances.
1696 – 18 janvier. Création de la capitation, à l'instigation de Pontchartrain.
1697 – 20 septembre-30 octobre. Traités de Ryswick.
1699 – Début de la construction de la nouvelle chapelle du château de Versailles.
1700 – 1er novembre. Mort du roi d'Espagne Charles II.
– 16 novembre. Louis XIV accepte le testament de Charles II : le duc d'Anjou devient roi d'Espagne, sous le nom de Philippe V.
1701 – 12 mars. La capitation, abolie en 1698, est rétablie.
– 7 septembre. Grande Alliance de La Haye contre la France et l'Espagne.
1702 – 13 mai. L'Empire, l'Angleterre et la Hollande déclarent la guerre à la France.
– Juillet. Début de la guerre des Camisards.
1705 – Novembre. Occupation de la Catalogne par les Anglais et par l'archiduc Charles.
1706 – 28 juin. L'archiduc Charles se proclame roi d'Espagne et est reconnu par les coalisés.
1707 – 30 mars. Mort de Vauban, quelques jours après la publication clandestine de son *Projet d'une dîme royale*.
1708 – 11 juillet. Vendôme est vaincu par Marlborough et le prince Eugène, à Audenarde.
1709 – 6 janvier. Début du « grand hiver » qui sera suivi d'une terrible famine.
– 11 septembre. Bataille indécise de Malplaquet.
1711 – 14 avril. Monseigneur, le Grand Dauphin, meurt de la petite vérole.
– 17 avril. Mort de l'empereur Joseph Ier. Son frère, l'archiduc Charles lui succède.
– 8 octobre. Préliminaires de paix entre la France et l'Angleterre, signées à Londres.
1712 – 12 février. Mort de la duchesse de Bourgogne, suivie de celle du duc de Bourgogne, le 18 février, et de leur premier fils, le duc de Bretagne, le 8 mars.
– 24 juillet. Villars bat le prince Eugène, à Denain.
1713 – 11 avril. La France signe la paix, à Utrecht, avec les divers coalisés, sauf l'Empire.
1714 – 6 mars. Traité de Rastadt entre la France et l'Empire.
1715 – 1er septembre. Mort de Louis XIV.

ORIENTATION BIBLIOGRAPHIQUE

Cette bibliographie générale ne recense que des ouvrages parus ces vingt dernières années. On trouvera la bibliographie la plus récente et la plus complète dans le livre d'Olivier Chaline, Le Règne de Louis XIV, cité ci-dessous.

Ouvrages généraux

- Bély, Lucien, *Louis XIV, le plus grand roi du monde*, Paris, éd. Jean-Pierre Gisserot, 2005.
- Chaline, Olivier, *Le Règne de Louis XIV*, Paris, Flammarion, 2005.
- Cornette, Joël, *Chronique du règne de Louis XIV*, Paris, Sedes, 1997.
- Lebrun, François, *La Puissance et la guerre,* *1661-1715,* tome IV de la *Nouvelle histoire de la France moderne,* Paris, Seuil, 1997.
- Nassiet, Michel, *La France au XVIIe siècle*, Paris, Belin, 2006.
- Petitfils, Jean-Christian, *Louis XIV*, Paris, Perrin, 1995.

Dictionnaires

- Bély, Lucien (sous la direction de), *Dictionnaire de l'Ancien Régime*, Paris, PUF, 1996.
- Bluche, François (sous la direction de), *Dictionnaire du Grand Siècle*, Paris, Fayard, 1990.
- Pillorget, René et Suzanne, *France baroque, France classique, 1589-1715, I – Récit, II – Dictionnaire*, Paris, Robert Laffont, coll. « Bouquins », 1996, 2 vol.

TABLE DES ILLUSTRATIONS

49g Le pansement des malades, *idem*.

49d *Commentaires des Évangiles*, Jansenius, 1660. *Ibidem*.

50 *Portrait de Charles II, roi d'Espagne*, peinture de Juan Carreno de Miranda. Coll. part.

51 *America pars meridionalis*, planche, *in* Nicolas Visscher, *Atlas minor sive geographia compendiosa quo orbis terrarum*, 1665. Yale Center for British Art, collection Paul Mellon.

52 *La Place du Dam à Amsterdam*, peinture de Jacob van der Ulft, 1659. Musée Condé, Chantilly.

53 *Portrait de Leopold Ier de Habsbourg*, peinture de Jan Thomas, 1666. Collection Schloss Ambras, Innsbruck.

54h Portrait de Hugues de Lionne, gravure, XVIIe siècle. Coll. part.

54b *Portrait de Soleiman II, sultan de Turquie*, peinture italienne, XVIIe siècle. Collection Schloss Ambras, Innsbruck.

55 Tableau des Nations de l'Europe, almanach pour 1669. BnF, Paris.

CHAPITRE 3

56 *Colbert présente à Louis XIV les membres de l'Académie Royale des Sciences créée en 1667* (détail), peinture de Henri Testelin. Châteaux de Versailles et Trianon, Versailles.

57 Médaille royale de Louis XIV, « NEC PLURIBUS IMPAR [1697] » (revers),

J. Mavger (graveur). BnF, Paris.

58h Marchand banquier et négociant dans les pays étrangers, gravure, 1688. *Ibidem*.

58-59b Bureau de la prévôté de Nantes, encre sur papier, 1723. Bibliothèque de l'Institut, Paris.

60-61 « Louis XIV visite la manufacture des Gobelins, le 15 octobre 1667 », tapisserie d'après un carton de Charles Le Brun. Musée des Gobelins, Paris.

62 « Les heureux fruits de la paix par le rétablissement du commerce universel », almanach pour l'an 1699. BnF, Paris.

63h *Vue de Rouen prise de Saint-Sever* (détail), peinture de Jean-Baptiste Martin. Musée des Beaux-Arts, Rouen.

63b Barque de négoce à soute, dessin extrait d'un album de vaisseaux, XVIIe siècle. BnF, Paris.

64h Découverte du cours du Mississippi et de la Louisiane par Jacques Cartier, gravure, XVIIIe siècle. *Ibidem*.

64-65 *Les voyages de la nouvelle France occidentale, dicte Canada, faits par le sieur de Champlain*, page de titre de l'édition de 1632. Coll. part.

65b *Fondation de la ville de Quebec par Samuel de Champlain en 1608*, peinture de Ambroise-Louis Garneray, 1848. Archives de la Manufacture de Sèvres.

66 *Description des plantes, arbres, animaux, et poissons des îles Antilles, avec les mœurs des sauvages qui s'y trouvent et la manière dont on fait le sucre*, (détail), Sébastien Leclerc, gravure, XVIIe siècle. BnF, Paris.

67h « Conditions pour le traité de quatre mille cinq cents nègres entre M. Boistard et M. Guillaume Ledy », 1698. Archives du ministère des Affaires étrangères, Paris.

67b *Histoire des aventuriers des boucaniers et de la Chambres des Comptes établie dans les Indes*, 1700. Bibliothèque municipale, La Rochelle.

68h Tête d'homme barbu vue de dessus, calotte crânienne enlevée, dessin de Charles Le Brun, XVIIe siècle. Musée du Louvre, Paris.

68b *Le Journal des Sçavans* de l'an 1665, page de titre. Bibliothèque municipale, Versailles.

68-69h *Colbert présente à Louis XIV les membres de l'Académie Royale des Sciences créée en 1667*, peinture de Henri Testelin. Châteaux de Versailles et Trianon, Versailles.

69b Notes relatives à la dissection d'un lièvre, séance de l'Académie des sciences en janvier 1668. Archives de l'Académie des sciences, Paris.

70-71h *Phèdre et Hippolyte*, tragédie de Jean Racine, frontispice avec une

gravure d'après Charles Le Brun et page de titre de l'édition de 1676. BnF, Paris.

70g *Portrait de Nicolas Boileau-Despréaux*, peinture de Jean-Baptiste Santerre, 1684. Châteaux de Versailles et Trianon, Versailles.

70m *Portrait de Molière*, peinture de Pierre Mignard, vers 1658. Musée Condé, Chantilly.

70d *Portrait de Jean Racine*, peinture française, XVIIe siècle. Châteaux de Versailles et Trianon, Versailles.

71 *Le Grand Divertissement royal*, donné par Louis XIV à Versailles le 18 juillet 1668, gravure sur cuivre de Jean Lepautre, 1676. *Ibidem*.

72 Louis XIV en soleil, costume du *Ballet de La Nuit*, 1653, dessin. BnF, Paris.

72-73 *Louis XIV visite les Invalides, le 26 août 1706*, peinture de Pierre-Denis Martin. Musée Carnavalet, Paris.

73b Représentation des machines qui ont servi à élever les deux grandes pierres qui couvrent le fronton de la principale entrée du Louvre, gravure de Sébastien Leclerc, 1677. BnF, Paris.

74 *Louis XIV vêtu à la romaine, couronné par la Victoire, devant une vue de la ville de Maestricht en 1673*, peinture de Pierre Mignard, 1673. Châteaux de Versailles et Trianon, Versailles.

75h Exposition de peintures au pont

l'Ancien. Châteaux de Versailles et Trianon, Versailles.

104 Les effets du soleil, almanach édité chez la veuve Moncornet, 1680. BnF, Paris.

105 *Prise de Luxembourg par le maréchal de Créqui, 3 juin 1684*, peinture d'Adam Frans Van der Meulen, vers 1686. Châteaux de Versailles et Trianon, Versailles.

106 *Réparation faite à Louis XIV par le doge de Gênes dans la galerie des Glaces de Versailles, le 15 mai 1685*, peinture de Claude Guy Hallé, vers 1710. *Ibidem.*

107 *Charlotte-Élisabeth de Bavière, princesse Palatine, duchesse d'Orléans*, peinture de François de Troy, vers 1680. *Ibidem.*

CHAPITRE 5

108 *Portrait de Louis XIV*, peinture de Hyacinthe Rigaud, vers 1700. Musée du Prado, Madrid.

109 Traité d'Utrecht, 11 avril 1713. Archives de ministère des Affaires étrangères, Paris.

111h Ordonnance pour la publication de la paix de Ryswick, 22 octobre 1697. Musée de l'Histoire de France, Paris.

111b *Le Bombardement de Dunkerque, le 11 août 1695*, peinture de Philippe Jonaert, 1710-1718. Musée des Beaux-Arts, Dunkerque.

112-113 *La Bataille de Fleurus, 1er juillet 1690*, peinture de Pierre-

Denis Martin. Châteaux de Versailles et Trianon, Versailles.

114 *Portrait de Guillaume III*, peinture de Godfrey Kneller. Scottish National Portrait Gallery, Édimbourg.

114-115 « Le roi déclare monseigneur le duc d'Anjou, roi d'Espagne », almanach pour 1701. BnF, Paris.

116 *Louis Claude Hector, duc de Villars, maréchal de France*, peinture de Hyacinthe Rigaud, vers 1714. Châteaux de Versailles et Trianon, Versailles.

117 *Guerre de Succession d'Espagne : bataille de Malplaquet en 1709* (détail), peinture de Joseph Parrocel. Palais du Prince-Eugène, Vienne.

118 « Distribution du pain du Roy au Louvre », gravure anonyme, fin XVIIe siècle. BnF, Paris.

119 *Portrait de Francois de Salignac de La Mothe-Fénelon*, peinture anonyme. Église Saint-Sulpice, Paris.

120 Louis d'or au soleil, gravure, début XVIIIe siècle. BnF, Paris.

121 *Deuxième vue du port de Bordeaux prise du château Trompette*, peinture de Joseph Vernet, 1759. Musée de la Marine, Paris.

122-123 *Vue générale du château de Marly, prise de l'abreuvoir*, peinture de Pierre-Denis Martin, vers 1724. Châteaux de Versailles et Trianon, Versailles.

124h *Philippe V, roi d'Espagne*, peinture de Louis Michel Van Loo, XVIIe siècle. *Ibidem.*

124b *Les plénipotentiaires au Congrès de Baden, en septembre 1714*, peinture de Jean Huber. *Ibidem.*

125 Carte de l'Europe en 1714, infographie. Édigraphie.

126 Louis XIV à la promenade vers 1713, détail de la peinture de Pierre Denis Martin, *Vue du bassin d'Apollon et du Grand Canal de Versailles*. Châteaux de Versailles et Trianon, Versailles.

127 *Madame de Ventadour avec Louis XIV et ses héritiers*, peinture anonyme, vers 1715-1720. Wallace Collection, Londres.

128 *Louis XIV*, sculpture d'Antoine Benoist dit du Cercle, vers 1705. Châteaux de Versailles et Trianon, Versailles.

TÉMOIGNAGES ET DOCUMENTS

129 Louis XIV et Jules Hardouin-Mansart devant les Invalides à Paris, gravure. BnF, Paris.

131 L'Académie française présente au roi le dictionnaire, gravure de Mariette d'après J.-B. Corneille, XVIIe siècle. *Ibidem.*

141 Portrait de Saint-Simon, gravure, XIXe siècle.

145 Portrait de Louis XIV, dessin de Charles Le Brun, vers

1663. The Barber Institute of Fine Arts, Birmingham.

149 « La taxe par teste », gravure, XVIIe siècle. BnF, Paris.

INDEX

A

CRÉDITS PHOTOGRAPHIQUES

ÉDITION ET FABRICATION

DÉCOUVERTES GALLIMARD
COLLECTION CONÇUE PAR Pierre Marchand. DIRECTION Elisabeth de Farcy.
COORDINATION ÉDITORIALE Anne Lemaire. GRAPHISME Alain Gouessant.
COORDINATION ICONOGRAPHIQUE Isabelle de Latour.
SUIVI DE PRODUCTION Fabienne Brifault. SUIVI DE PARTENARIAT Madeleine Giai-Levra.
RESPONSABLE COMMUNICATION ET PRESSE Valérie Tolstoï.
PRESSE David Ducreux et Alain Deroudilhe.

LOUIS XIV, L'ERGE DE GLOIRE
sa elle Pouliboeuf.
IE Ch Balladur.
Virgn fon.
Jean-Paul Harris.

François Lebrun, professeur émérite d'histoire moderne à l'université
de Rennes II, est spécialiste de la France aux XVIIe et XVIIIe siècles.
Il a publié notamment *Les Hommes et la mort en Anjou aux XVIIe et XVIIIe siècles*
(Paris, Mouton, 1971 ; rééd. Paris, éditions de l'EHESS, 2005), *Se soigner autrefois.*
Médecins, saints et sorciers aux XVIIe et XVIIIe siècles (Paris, Temps actuels, 1983 ;
rééd. Paris, Seuil, 1995), *La Puissance et la guerre, 1661-1715* [*Nouvelle histoire*
de la France moderne, t. IV] (Paris, Seuil, 1997), *Croyances et cultures dans*
la France d'Ancien Régime (Paris, Seuil, 2001). Il a dirigé, avec Jean Carpentier,
une *Histoire de France* (Paris, Seuil, 1987) et une *Histoire de l'Europe*
(Paris, Seuil, 1990) et a publié divers manuels pour l'enseignement secondaire
et pour l'enseignement supérieur.

En hommage à Pierre Goubert, le grand historien de Louis XIV
et de ses vingt millions de sujets.

Dépôt légal : avril 2007
Numéro d'édition : 145576
ISBN : 978-2-07-034125-2
Imprimé en France par IME